국회의원 곽정숙 의정에세이

평등세상 이야기

시와사람

국립중앙도서관 출판시도서목록(CIP)

평등세상 이야기 : 국회의원 곽정숙 의정에세이 /
지은이: 곽정숙. -- 광주 : 시와사람, 2011
p. ; cm

ISBN 978-89-5665-314-3 03810 : ₩10,000

의정 활동[議政活動]
정치 에세이[政治--]

340.4-KDC5
320.02-DDC21 CIP2011001066

평등세상 이야기

책을 펴내며

두 번째 책을 내면서는 기쁘기보다는 우울하고 무겁다. 책의 내용이 아프고, 힘겨운 소리들이 많고, 절망과 분노의 모습이 많기 때문이다. 이명박 정부와 18대국회는 시작부터 지금까지 내내 국민들을 답답하게 하고 우울하게만 하고 있다. 하지만 겨울이 지나고 봄이 오듯, 살아 움직인 것은 고통을 거쳐 희망을 만든다. 촛불에서 시작된 희망의 소리들도 담았다.

무식하면 용감하다고 부족함뿐이라 책을 낼 수 있게 되었다.

그동안 간간히 드는 생각들을 일기를 쓰듯 노트에 메모했었다. 그리고 국민들과 공유하고파 홈페이지를 통해서 '곽의원 노트'라는 이름으로 공개해 격려와 질책을 받았다. 좀 더 많은 분들께 답답한 가슴을 열어 보이고 많은 분들의 가슴속도 들여다보며 진정한 소통을 하고 싶었다. 연대와 소통의 정치에 점 하나라도 찍을 수 있었으면 좋겠다.

4부로 엮었다. '의정노트'는 국회의원이라는 공인으로 심정을 그대로 분출하기도하고 억제하기도 한 편지와 일기를 골라 모았고, '국감일기'는 국회의원이 되어 처음 해보는 2008년 국정감사를 간략하게 기록한 것이다. 기억하고 교훈삼아 다음 국감을 더 잘 하기 위해서였다. 다음 해부터는 트위터나 미투데이 등 쇼설네트워크를 통해 현장사진과 짧은글로 국감일기를 대신해 기록한 일기는 한 해에 그치고 만 것이 아쉽다. '국회 발언문'은 국회의 많은 발언들 중에 5분

자유발언과 찬반 토론한 내용 중에서 일부만 골라 국회속기록에서 발췌했다.

18대국회 본회의에서 준비된 원고도 없이 즉석에서 의장을 향해 장애인 편의시설을 마련해 달라며 첫 신상발언을 했던 것을 잊을 수 없다. '기고문'은 요청을 받아 기고한 것으로 대부분 직접 쓴 글이지만 보좌진이 대필해 교정으로 마무리한 글도 포함하였다.

춥고 긴 겨울을 살아온 약하고 가난한 국민들, 포기하지 않고 끝까지 싸워 생명으로 뚫고 나오는 전사들께 감사드리며 이 책을 바친다. 따뜻한 봄날은 아주 가까이 와 있다. 이제 조금만 더 힘을 내어 손에 손 잡고 그 거대한 힘으로 이룰 평등세상 환희의 봄날을 꿈꾼다.

CONTENTS

1부 의원노트

2부 국정감사일기

CONTENTS

3부 국회 발언문

4부 기고문

1부

의원노트

평등세상 · 행복세상을 꿈꾸며

저는 군인장교이셨던 아버지와 순전한 어머니 사이에서 세 번째, 둘째 딸로 태어났습니다. 경제적으로도 안정적인 가정에 유독 눈이 크고 예쁜 건강한 아이로 사랑을 듬뿍 받으며 자랐습니다.

당시 결핵균 전염이 많았던 탓인지 다섯 살 때 결핵성척추염을 앓고 척추장애인이 되었습니다. 척추 대수술을 받고 수년 동안 약물치료를 받았지만 완전 치료가 되지 못하였던 것은 당시 의료수준의 한계였던 것 같습니다. 하지만 그나마 걸을 수 있는 정도가 되었던 것은 저의 병을 일찍 발견하고 전 재산을 들여서라도 치료하겠다는 부모님의 의지로 신속히 대처하였기 때문이었습니다. 그 시절에 나와 똑같은 질병으로 치료를 전혀 받지 못하고 병원조차 가지 못하여 주저앉게 된 중증장애인들이 많은 것을 나중에 알게 되었습니다. 가난과 무지는 장애를 키우고 우리네 삶을 힘들게 하였던 것이지요.

학창시절은 샛노란 얼굴로 뛰지 못하고 겨우 걸으며 아주 병약하게 보냈습니다. 운동장을 뛰노는 친구들을 부러워하며 체육시간엔 교실을 지키고, 소풍날엔 집에서 쉬는 것이 당연하였지요. 친구들이나 언니, 동생이 가방을 들어다 주었으며 자주 교실에 쓰러져 어머님께 업혀오곤 했습니다. 결국 휴학을 하기도 하고 상급학교 진학이 늦어지다보니 또래 친구들과 멀어지기도 했습니다.

청소년시절, 인생의 미래를 고민하면서 무력한 장애인인 내 모습이 부끄럽고 서글퍼 남몰래 베개를 적시곤 했습니다. 변호사가 되어 억울한 사람을 변호하겠다던 꿈도, 의사가 되어 아픈 사람들을 치료하겠다던 꿈도 신체적 장애 앞에서 무너지기만 했습니다.

가족과 이웃에게 부담스런 존재가 되는것이 싫었습니다. 가족과 이웃, 나라와 민족에게 아주 유익한 사람이고 싶었습니다만 그렇지 못한 내 인생이 절망스러웠습니다.

아버지는 매우 엄하셨지만 마음이 여리고 예술적 재능이 많은 분이셨습니다. 어렸을 때 영산강에서 아버지와 함께 멱감고 놀던 기억, 과제약속을 지키지 못해 딱 한 번 손바닥 매를 맞았던 기억, 자라서 기대했던 재수술을 할 수 없다는 의사의 진단에 눈물 흘리시던 모습의 떠오릅니다. 어머니는 자녀교육열이 유독 크셨지만 아픈 딸의 건강이 우선이었기에 진학을 늘 말리셨습니다. 수없는 날, 다 큰 딸을 업어 등하교를 시키며 눈물의 기도로 딸을 키우셨습니다.

중학교 때 점심도시락 대신 라면을 끓여 식을새라 가슴에 품고 오셨던 모습을 생각하면 눈가가 촉촉해집니다. 이렇듯 넘치는 사랑을 받으며 자랐지만 그럴수록 내 눈엔 장애인이라는 표징이 전부로 보였고, 삶의 목표가 부재해 자신감을 갖지 못한 채 더욱 허약해지기만 했습니다. 나는 자연히 내성적인 성격이 되어 많은 사람들 앞에 나서지도 못하였지요. 스무살이 될 때까지 대중목욕탕에 가지를 못했습니다. 등이 굽어 나온 모습을 벌거벗어 보일 수 없었고 사람들의 따가운 시선에 자신이 없었던 것입니다.

스무살, 그렇듯 절망과 고통에 있을 때, 성경을 읽게 되었고 내 인생에 대한 새로운 깨달음이 있었습니다. 장애를 가진 내 모습이 창조주의 걸작품이며 멋진 미래가 계획되어있음을 알게 된 것입니다. 제겐 놀라운 변화였습니다. 장애인, 괜찮은 것이며 부끄러운 것도 무능력한 것도 아니며 오히려 비장애인과 다른 능력을 가진 사람이라는 생각을 갖게 되었습니다.

힘이 생겼습니다. 하루하루를 새롭게 열심히 사는 행복한 장애인이 되어있었습니다. 그리고 스스로에게 집중되었었던 나의 시각을 타인에게로 향하기 시작했습니다. 장애탓으로 절망하고 있는 다른 장애인들의 마음을 보기 시작했습니다. 그리고 그들을 만났습니다. 장애인 스스로를 비하하거나 차별하는 의식을 버리고 스스로를 소중히 여기며 당당하게 살아가자며 그들과 아주 구체적으로 공동체생활을 하며 삶을 나누고 공유하였습니다. 나의 장애는 나누어 줄 수 있는 능력이었습니다. 나의 장애인인권운동은 그렇게 시작되었습니다.

여성장애인, 인간의 다양한 삶의 모습중 하나일 뿐이거늘 다중차별의 대상이었고 무력함으로 짓밟히는 대상이었습니다. 그것은 인간사회에 있어서는 안되는 죄악이며 모두의 불행이기에 당사자 스스로 차별에 저항하고 평등권리를 찾아 모두 행복한 세상을 만들어가자고 말하였습니다.

그렇게 삼십 여년이 지나고 국회라는 권력을 통해 확실한 정책으로 평등사회를 이루어야 한다는 책임을 요구받고 국회의원이 되었습니다.

정치인이 되고 싶지도 않았고, 국회의원이 되리라고는 생각지도 않았기에 전혀 준비하지 않은, 정치에 문외한이었기에 두려웠습니다. 그러나 진실과 정의, 그리고 성실한 삶이 승리한다는 것을 알고 있기에 내 삶의 방식대로 의정활동도 그렇게 하면 될 것이라 여기며 배우는 자세로 임하고 있습니다.

진짜 행복은 돈에 있지 않으며 인간으로 존중받음에 있을 것입니다. 그리고 진짜 멋진 세상은 가장 연약한 사람이 행복할 때 입니다. 그때서야 비로소 모두가 행복할 것이기 때문입니다. 그렇기에 그런 세상을 위해 저는 가장 연약한 자의 편에 설 것입니다. 그 편을 해하는 잘못된 것을 제거하고 좋은 것을 창조해 나갈 것입니다.

민주노동당은 노동자편에 선다고 하지만 늘 시위에 앞장서 거칠고 냉차며 과격하기만 한 줄 알았습니다. 국회의원 후보가 되고 민주노동당원이 되어 들어와 보니 서민중심, 약자중심의 따뜻한 정당, 한 사람의 소리에 귀를 기울이며 다양한 사람들을 존중하는 민주정당, 힘있게 변화를 추구하는 진짜 진보정당이었습니다. 그래서 소수의석을 가졌지만 민중의 뜻을 가진 거대 정당으로 18대 국회를 이끌어 갈 것이라 확신합니다.

노동자, 서민, 장애인 등 약자, 소수자, 전체 국민이 국회의원임을 잊지않겠습니다.

늘 국민의 뜻을 헤아리고 최우선으로 그 뜻을 따르는 국회의원, 땀흘리는 정치노동자로 최선을 다하겠습니다.

2008. 6

오직 국민을 위해야 한다

광우병쇠고기수입 재협상 요구를 위한 청와대 농성 삼일 째인 오늘, 기자회견으로 하루를 정리하였다.

귀를 틀어 막은 청와대가 어린 학생들부터 노년에 이르는 촛불행렬의 외침이나 야당의원들 몇몇이 자리깔고 앉았다고 귀를 열겠는가. 애초에 기대하지 않았다. 다만 우리는 촛불 든 국민의 대열에 함께있고 싶었다. 국민의 외침에 국회의원 역할을 제대로 못한 채 무력감에 부끄러워 주저앉아 있음이다.

선진국대열에 진입하기 위해서는 한미 FTA를 체결해야만 하고 그 체결을 위해서는 국민의 건강권 쯤이야, 몇 사람의 생명쯤이야 설마 광우병이 걸리겠나 오직 자유경쟁으로 돈을 모으면 되는거지, 미국에게 잘 보여 부자가 되면 다 좋아하게 될 거야 하면서 혼자 길몽에 질주하는 2MB.

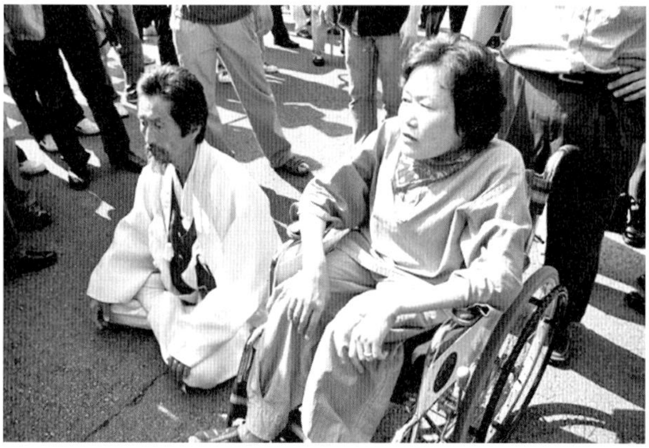

국민은 대통령도 믿을 수 없는 현실에 절망과 분노로 촛불을 들었다. 스스로 생명을 지키고 아이들의 미래를, 나라의 미래를 지키겠다고 나선 것이다.

소통이 부족하였노라, 송구하다고 고개 숙인 대통령. 진정한 사과는 반성을 담은 것이며 반성은 돌이킴이며 잘못에 책임을 지는 것이리라.

아무것도 변하지 않고, 아무것도 책임지지 않은, 입으로만의 사과는 오히려 국민을 기만한 것이다. 국민의 소리에 귀를 기울려 경청하고 국민의 뜻에 따라 행동하는 것이 대통령이 해야 할 일이다.

국민의 외침을 외면하는 대통령, 국민에게서 외면당하게 될 것이다. 국민이 원하지 않은 일을 누구를 위해 하는 것인지 답답하다.

미국을 위한 일, 대통령 개인을 위한 일, 그것은 우리 민족에게는 불행일이 아닐 수 없다.

오직 국민의, 국민에 의한, 국민을 위해야 한다.

2008. 5

대통령은 무엇을 준비해 놓았는가?

11시, 청와대 농성을 정리한 후 누군가 점심을 함께 먹자고 해 의원들이 따라 나섰다. 몇 걸음만 가면 식당이 있으려니 했는데 한참을 걸어 골목의 식당에 들어섰다. 모 의원께서 안내한 식당이었는데 아주 한산하였다.

비빔밥과 된장찌개를 시켜놓고 테이블 별로 이런저런 얘기들을 나누었다. 10분, 20분, 30분쯤 시간이 지나자 의원들께서 식사가 너무 늦다며 재촉을 하고 나섰다. 그제서야 물과 반찬 등이 나왔는데 반찬 역시 인색하리만큼 적은 양이었다.

점심시간에 손님이 올 것을 전혀 기대하지 않고 있었나보다. 그것도 많은 손님이 올 것을 생각조차 않은 모양이다. 우리 일행은 모두 열다섯 명이었는데 그 정도도 준비하지 않고 어찌 식당을 운영하려 한 것일까?

준비되지 않은 사업은 번창할 수 없을 것이다.

사업하겠다며 문만 열어놓았다면 저절로 되는 것은 아닐 것이다.

누구나 진수성찬을 준비해 기다리며 손님을 친절하게 모시고 완벽하게 준비된 곳에 즐거움으로 찾아갈 것이다.

정치도 마찬가지일 것이다.

나를 둘러보았다. 준비된 정치인인가, 국민이 배고파 찾아오면 빠르게 준비된

식탁을 제공할 수 있는가. 어느 때라도 많은 이가 찾으면 즐겁게 맞을 준비가 되어 있는가. 배고파 찾은 국민에게 빈 접시 내 놓고, 한없이 기다리게 하며 에어컨만 틀어 줄 것인가.

대통령은 준비된 사람인가.

국민이 건강하게 살고 싶다고 광우병쇠고기 수입 막아달라는데, 머지않아 돈방석에 앉혀줄테니 우선 광우병쇠고기를 먹으라고 한다면 될 말인가.

돈방석에 앉아 죽으면 행복한 죽음인가.

이 나라 국민의 건강과 행복을 위해 대통령은 무엇을 준비해 놓았는가?

2008. 5

대통령은 고통스러운 국민의 소리를 들어야 한다

'광우병 고시반대! 전면 재협상촉구! 국민과 함께하는 강기갑의원 3보1배'에 참여하여 청계광장에서 청와대까지 강기갑의원의 뒤를 따랐다.

무소속의 임종인의원, 민주노동당 현애자의원, 홍희덕 18대 당선인, 진보신당 이덕우 공동대표, 서울진보연대 노수희 공동대표, 무종스님, 시민단체대표단, 민주노동당 서울시 이수정의원, 그리고 시민들이 다수 참여하였다. 경찰은 시민들의 대열을 무력으로 차단하였으며 여러 차례 대열을 잘라내었다.

국회의원 당선자인 나 역시 경찰의 무력에 잘려 여러 차례 나아가질 못하기도 하였다. 침묵하며 따르는 국회의원 당선자를 경찰은 막무가내로 행사하였다.

척추장애인인 나는 엎드리기 어려워 두 시간여 동안 서서 기도하며 따랐다. 국민의 소리, 국민의 뜻이 실현되게 해달라고 우리의 미래를 살려달라고 기도하였다. 허리가 끊어지는 통증이 이어졌다. 어찌 나 혼자에게만 있는 통증이겠는가! 강기갑의원님을 비롯한 삼보일배 참여자는 물론 국민의 85% 이상의 고통의 소리가 전해져왔다.

이명박대통령에게 권한이 있다. 재협상도, 장관고시중단도 말이다. 이명박대통령은 다수의 국민의 외치는 소리를 더 이상 차단하지 말고 들어야 한다. 그 가슴 절절한 호소, 그 저린 고통의 소리를 들어야한다. 그리고 더 이상 외면하지 말고 장관고시중단. 쇠고기수입재협상 실행해야 한다. 그것이 국민을 치유하며 이 나라의 미래를 희망으로 이끄는 것이다.

2008. 5

신뢰받는 책임정치

대통령이 국민의 건강을 지키지 못할 때 국민 스스로 책임정치에 들어섰다.

대통령도 정부도 국회도 국민을 지키지 못하기에 누구도 신뢰할 수 없어 국민 스스로가 촛불을 들어야 했듯 장애인 역시 동등한 사회구성원으로 살아가도록 책임지지 않은 여건 앞에 장애인 당사자로 촛불을 들어올렸다.

나는 장애인 당사자로 장애인의 완전한 사회참여를 위해 국회의원이 되었다.

전체 국민의 10%가 장애인이다. 숫자의 많고 적음의 문제가 아니다. 장애인은 다양한 사람중에 하나이며 특별한 어려움과 불편함을 지속적으로 직면하는 우리사회의 구성원이다. 이 특별한 어려움에 직면할 때 나머지 90%의 사람들은 차별환경을 개선해야 함이 마땅하다. 뿐만 아니라 보다 적극적으로 국가적 기구와 사회적 책임분야에 참여와 의사결정권이 주어져 장애인의 완전한 사회참여가 이루어져야 한다.

18대국회에 나의 법률안 발의 1호는 공직선거법개정안이다. 각 정당이 비례대표국회의원선거 및 비례대표지방의회의원선거 후보자자로 10%의 장애인 할당을 제도화 하고자 함이다.

이명박 대통령은 지난 고개숙인 담화문 발표 후 공기업민영화에 대한 질문에 '공기업선진화'라며 질문자의 의도와 상관없이 단어를 수정해가며 선진화에 대한

강한 의지를 표명한 바 있다. 단어를 바꾼다고 해서 내용이 바뀌는 것은 아니다.

진정한 선진화는 다양한 국민 개개인을 존중하며 국민이 정부를 신뢰할 수 있을 때에야 시작되어지는 것이다. 소외와 차별속에서 고통받는 장애인이 동등한 국민으로 존중되어지며 책임있는 사회참여가 보장되느냐가 선진국이냐, 아니냐 하는 판단기준이다.

대통령은 국민과 소통하고 국민의 눈높이에서 국민을 섬기며 국정을 이끌 것이라 하였다.

현실성 있는 실천으로 대통령의 진정성을 보여야 한다.

내각 쇄신에 장애인장관을 임명하여 전체 국민 속의 정부가 되어보라.

정부조직 17개부처장에 10%의 장애인을 배치하여 진정한 선진형 정부, 쇄신내각으로 신뢰받는 책임정치 실현을 요청한다.

2008. 6

단식투쟁

14일째 단식으로 움푹들어간 광대, 힘없고 기운빠져 있는 기륭전자 노조의 김소연 분회장은 웃음을 잃지 않고 있었다.

한 솥 밥 먹으며 일 시켜온 직원들은 자기 가족이 아니었단 말인가. 비정규직 노동자들은 하루아침에 휴대폰 문자로 해고처리해도 되는 사람들이란 말인가.

회사측의 비정한 처사에 다시 일자리를 달라며 고통스러워 하며 비명을 지르고 있다.

생존의 문제 앞에서 죽음으로 맞서는 투쟁!

그 앞을 드나들며 눈감고 귀 막으며 양심마저 닫아버린 기륭전자 사장, 회장, 동료들. MB와 무엇이 다른가!

국민이 승리한다.

노동자가 승리한다.

2008. 6 기륭전자 단식투쟁장에 다녀와서

대적

어찌 국민이 적일 수 있단 말인가.

대통령으로 뽑아준 그 국민이 어찌 사탄이며 대적일 수 있단 말인가. 국민을 무시하고 건강권마저 포기해버린 대통령을 향해 광우병쇠고기를 들여보내지 말고 재협상하라는 것은 당연한 요구이다.

그른 선택에 옳음을 말하는 촛불의 뜻이 대통령과 다른 뜻을 가졌다고 대적이라고 말할 수 있는가.

단 한 사람의 국민을 향해 대적자로 여기는 대통령은 국민의 대통령일 수가 없다.

그는 모든 국민으로부터 적이 되고 말 것이다.

국민을 적으로 여기는 순간 당연히 대통령은 국민의 적이 되고 말 것이다.

2008. 6

꿈은 이루어진다

IT의 황제 마이크로소프트 빌게이츠회장이 자선사업에 전념하기 위해 회장직을 사임 했다고 한다. 세계 최고의 갑부의 삶을 정리한 것이다.

빌게이츠는 세계 모든 사람의 책상위에 컴퓨터가 놓여지길 꿈꾸었다고 한다. 그런데 오늘 우리는 책상 위는 물론 거리에서도 컴퓨터를 본다. 빌게이츠의 꿈을 날마다 보는 것이다.

마틴 루터킹은 조지아의 언덕에서 불의와 억압의 미시시피가 자유와 정의의 오아시스가 되는 꿈을 꾸고 피부색을 기준으로 사람을 평가하지 않고 인격을 기준으로 사람을 평가하는 나라에서 살게되는 꿈을 꾸었다. 혹자는 그 꿈이 오바마의 당선으로 이어질 것이라 한다.

오늘 촛불의 꿈은 소박하다.

"광우병으로부터 우리를 지키고 싶다. 국민이 존중받고 국민의 뜻을 이루기 위해 땀흘리는 대통령과 손 맞잡고 행복한 날을 지내고 싶다."

참 쉽고 단순해서 지금 이루어질 수 있는 꿈이다.

2008. 6

수출해야 할 사람들

한나라당 모 의원님들, 대거 미국산 쇠고기 홍보대사로 나선모양이다.

촛불 든 국민들, 한우농가들, 대국민을 향해 광우병 괜찮으니 마음 놓고 미국산 쇠고기 먹으라며 안달을 하고 있다. 미국산 수입 쇠고기 먹으며 한우보다 맛있단다. 국민을 속이는 쇼를 하는 것인가? 분통이 터진다.

자국민을 절대적으로 챙기는 부시와 미국농림관련부 장관, 미국 농축산업자들이 밉지만, 그러나 그들을 존경한다는 대한민국 농축산가들의 고백을 전해 들으며 다시금 가슴이 터진다. 촛불을 향해 죄송하다고, 부득불 지금은 수입문이 열렸지만 한우만 먹자고 그렇게 위로해도 시원찮을판에…….

국민을 살리라고 세워놓은 대통령, 농축수산민 살리라고 세워놓은 농수산식품부장관과 관료들, 그리고 국민 살리라고 세워놓은 국회의원들인데. 농가, 한우축산업자들을 죽이고 미국홍보에 나서는 저들을 세금으로 살리고 있다니 하루도 못 보겠다. 끌어내려야 한다. 저들을 정말 수출해야할 것 같다. 한우보다 맛있다는 싼 미국쇠고기를 실컷먹고 살라고 미국으로 수출하고 싶다.

2008. 7

어찌해야 한다는 말인가

통탄이다. 가슴이 에인다.
같은 민족끼리 총구를 겨눔이,
동포를 겨누어 사망케하는 현실이,
그것이 이 땅에서 일어나고 있음이.

지금 이 극한의 상황, 분단시대에 살고있는 우리는
어찌해야 한다는 말인가!

2008. 7

다양성이 존중되는 선진국회를 기대한다

나는 지체장애인으로 척추가 많이 굽고 허리와 다리 등 하체가 매우 약하여 오래 서 있거나 의자가 아닌 곳에 오래 앉아 있기가 힘들다. 키가 130㎝로 아주 작으며 앉은키는 더더욱 작아 좌식활동에는 많은 물리적 환경개선이 필요하다.

우리나라는 책상 등 모든 것이 일반적인 사이즈에 맞춰 획일적으로 되어 있어 척추장애인인 나의 불편함은 이만저만이 아니다.

그래서 운전석, 피아노 앞, 사무석, 식당석, 관람석 등에 앉는 것이 불편해 언제나 높은 방석을 가지고 다녀야 한다. 내 몸 이동도 힘든데 방석을 늘 가지고 다닐 수만도 없어 불편을 감수해야 할 때가 많다.

민주노동당 18대 국회의원으로 당선되어 가장 먼저 접한 곳은 국회의사당 내 정론관 브리핑 룸이다. 기자회견을 하기 위해 단에 서는데 단상이 높아 겨우 얼굴만 기자들에게 보일 수 있었다. 참 답답하였다. 그래서 키 작은 사람들, 휠체어 탄 장애인 등 다양한 사람들을 위해 높낮이가 조절되는 단상이 필요함을 역설했다.

그리고 초선의원 연찬회 등 의정활동 안내프로그램을 통해 본회의장을 둘러보면서도 자리에 앉아보기도 하고 발언단상에 올라서 보기도 하였다. 단상은 다행히 높낮이와 좌우방향이 조절되는 것이었다. 내 지정석이 될 자리는 역시 책상이 높아 단상의 사람을 바라볼 때는 시야를 가렸다. 의원직무실과 상임위원회실, 의성지원난 연회석 역시 내게는 책상이 높기만 하여 조금 특별한 좌석이 필

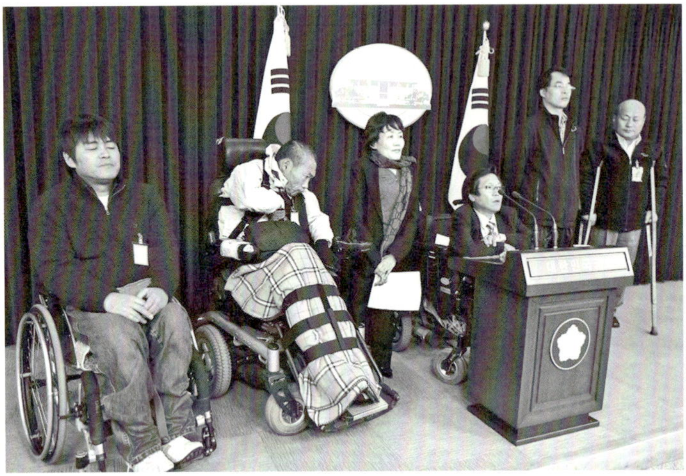

요하였다. 날마다 밥을 먹어야하는 식당의 식탁 또한 높아 국물음식이 옷가슴에 흐르기 일쑤여서 급기야 모든 상황에 고개를 늘리려 애쓰려는 버릇이 생겨서 목뼈에 이상이 나타나기도 하였다.

이번 18대 국회에는 장애인의원이 8명이라고 한다.

모두가 장애상태가 달라 이동이나 업무에 요구되는 환경 역시 다양하다.

나는 동료 장애인의원을 초청하여 장애인으로 의정활동에 필요한 부분을 함께 논의하고 일단 현 의원과 보좌관, 그리고 찾아오는 장애인들을 위한 단계적 개선사항을 국회사무처에 공식 요청하였다. 전체 시설물을 개선하거나 교체하기에는 많은 어려움이 있을 것이라 여겼다. 그래서 일반극장의 관람석입구에 아이들을 위해서 키높이 방석을 배치해놓은 것처럼 좌식활동이 요구되는 실내에 키높이 방석을 한두 개쯤 배치해달라는 최소한의 제안요청도 하였다. 또한 국회 본회의 신상발언을 통해 의장께 요청하기도 하였다. 그 결과 바로 조치하겠다는 답변을 얻었다.

이 요구는 특별한 배려차원이 아니며 의원 한 사람의 당연한 권리이며 국회의 장단은 책임이 있다.

장애인차별금지 및 권리구제 등에 관한 법률에 의하면 '장애인은 장애인 아닌 사람과 동등한 선택권을 보장받기 위하여 필요한 서비스와 정보를 제공 받을 권리를 가지며(제7조 2항), 국가 및 지방자치단체는 장애인 등에게 정당한 편의가 제공될 수 있도록 필요한 기술적·행정적·재정적 지원을 하여야 한다'(제8조 2항)고 되어있다.

국가의 주인이 국민이듯 국회의 주인 역시 국민이다.

주인인 국민 한사람 한사람이 차별되지 않고 존중되는 사회, 특별히 신체적, 심리적으로 약한 사람들, 소수자의 뜻이 존중되는 사회가 선진사회, 선진국가일 것이다. 장애인은 다양한 사람들 중의 한 부류이다. 다양성은 존중의 대상이지 차별의 대상일 수 없다.

18대 국회 299명, 의원 각자의 다름이 존중되고 특히 장애인에게 요구되는 물리적환경개선이 신속히 이루어져 변화된 선진국회이길 희망한다.

2008. 7

가난한 국회의원

국회 공직자윤리위가 공개한 18대 의원 신규재산등록내역에 의하면 나는 가난한 의원 5명 순위에 들었다. 이 소식이 전해지자 발빠르게 모 방송사에서 인터뷰를 요청해와 나는 인터뷰에 응했다.

가난한 것이 자랑일 수는 없지만 부자의원 역시 자랑스러워만 하지 않았으리라 짐작할 수 있다. 이명박 정부의 강부자내각은 부자들만이 이해하고 대다수 서민들을 이해하지 못하는 한계 때문에 질타를 받는다. 가난한 사람 편에 서 있으려면 가난한 사람일 때 가능하기에 가난이 내게는 어쩌면 자랑스러운 것인지도 모른다.

지금껏 나는 부자들을 부러워하지도 않았고 가난하다고 비굴하지도 않았다. 그리고 워낙 부자들이 많은 18대 의원들이라서 가난한 축에 끼인 것이다.

현재 배고파하는 국민다수는 최저생계층에 끼지 못하는 빈곤층이다. 물론 나는 오랫동안 기초생활보장수급자로 최 빈곤생활을 영위하기도 하였다. 지금보다 더 가난했던 시절의 기억을 돌이키고 지금의 가난한 의원으로 가난한 사람들의 마음을 읽고 그 마음이 부자가 될 수 있도록 그들의 편이 되어야 한다.

그럴 때에야 네 번째로 가난한 곽정숙 의원은 가난이 무기이며 능력이며 자랑이 될 것이다.

2008. 7

진정한 지도자는?

얼마 전 대학 진학을 앞두고 있는 고3 학생으로 부터 이메일을 받았다.

그 학생은 돈과 명예가 아닌 나라를 위해 일한다는 것이 너무나도 광범위하고 추상적인 꿈이라는 걸 깨닫게 되었다고 한다. 그러면서 나라를 위한 진정한 지도자가 어떠한 사람인지를 물어왔다. 지도자가 되기 위해 고민하는 학생이라면 이미 지도자의 길에 발을 디딘 거라 여기며 질문에 대해 답을 보냈다.

1. "우리나라를 위한 지도자"란 어떤 사람일까요?

지도자는 국민이 신뢰하며 따를 수 있는 사람이라고 생각합니다. 국민이 따를 수 있게 하려면 마음이 개인의 야망보다는 국민에게 가 있어야합니다. 국민이 무엇을 원하는가, 국민이 왜 마음이 아프고 슬픈가, 국민이 어떨 때 건강하고 행복한가…를 살펴야 합니다. 머리와 가슴만으로는 안되며 그대로 보고 따라할 수 있는 행동(삶)이 있어야 합니다.

오늘 우리시대에 믿고 따를 수 있는 모델, 참 지도자가 없음이 안타깝습니다. 참지도자는 국민소득 몇 만불 올려주는 사람이 아닙니다.

옳음과 정직, 진실함으로 국민을 이끌고, 국민 한 사람을 존중하는 사람입니다. 사람은 누구나 존중받을 때 행복합니다.

2. 그러한 지도자가 되기 위해 제가 할 수 있는 일은 무엇이 있을까요?

지식이 필요하지만 가장 우선은 아닙니다. 삶(행동)을 의도적으로 훈련하고 연습해야합니다.

늘 자신의 미래만을 생각하는 선에 있지않고 타인의 미래를 생각해야 합니다. 가장 가까운 이웃, 지역민, 국민, 인류 그들의 문제에 민감해야합니다. 그리고 지금 행할 수 있는 하나하나를 실천해야 합니다.

삶은 머리의 지식과 별개가 아니며 차후의 일이 아닙니다.

지금 행동하는 사람이 미래의 지도자입니다.

3. 미래의 지도자를 꿈꾸는 제가 읽으면 좋을 책으론 어떤 것이 있을까요?

모두가 존경하는 위인전이 좋겠습니다. 그러나 그 역시 다독보다는 읽은 책 한 가지라도 실천(경험)하는 것이 더 중요합니다. 좋은 책은 책이 안내 해 줄 것입니다. 하루를 마치는 시간에 늘 웃음 가득하기를 기대합니다.

2008. 9

'내 인생의 성공은 의원님을 만난 것'

"내 인생의 성공은 의원님을 만난 것이예요"

오랜만에 가깝게 알고 지냈던 언니에게 안부전화를 했는데, 중병을 앓고 있는 터라 말을 제대로 하지 못할 정도로 고통스러하면서도 대뜸 했던 말이다. 순간 나는 가슴이 떨렸다. 오히려 많이 미안하고 보고 싶었는데, 전화도 이제야 하는 야속한 사람인데… 뜻밖의 황송하고 민망한 고백에 말을 돌리며 전화를 끊었다.

'그랬었구나…'

그이를 만난지 이십여 년, 그이는 나를 동생처럼 친구처럼 늘 살펴주었다.

그이는 조금도 삶이 흐트러짐 없고 늘 자유롭고 당당하게 살아왔다. 버거운 육신을 가졌고 돈이 없는 빈자이지만 나누어주는 일에 늘 기뻐하며 마음이 건강하고 부유하다.

생명을 위해 질병과 싸우는 중에도 이렇듯 넉넉한 마음을 가질 수 있다니.

무뚝뚝하여 그런 표현도 잘 못하면서…

아무리 생각해도 나는 그이한테 잘한 것도 없고 준 것도 없는 것 같다.

그래서 더욱 가슴이 뛰었는지 모른다.

나와의 만남이 그이에겐 인생성공이라 여길 기쁨이었다는 사실이 내겐 가슴 떨리는 소중한 기쁨이었다.

오늘 하루의 지침도 가을의 외로움도 한순간에 날아가 버렸다.

2008. 10

질책

칭찬은 하는 사람도 받는 사람도 즐거움이다.
질책은 하는 사람도 받는 사람도 고통이다.
오늘 나는 질책을 하여 마음이 편치 않다.
상대도 마음이 편치 않을 것이기 때문이다.

그렇다고 잘못을 칭찬할 수 없고 그냥 덮을 수도 없었다.
좁은 내 마음이 많이 상했기 때문이다.
아무렇지 않은 듯 넘어가면 상대가 더욱 미안해했을까?
그것이 수준 높은 질책이 될 수 있었을 텐데…

칭찬이 긍정의 변화를 가져올 수 있지만
질책도 긍정의 변화를 가져올 수 있다고 위안을 삼는다.

질책한 사람이 고통스러워 했으니 상대는 고통 없이 긍정의 변화가 있기를 기도하며 잠을 청한다.

2008. 10

그녀는 분토로 우리를 웃겼고 웃음으로 우리를 울렸다

독립영화 다큐 '워낭소리 (Old Partner)'를 관람했다.

각색되지 않은 자연스러운 표현들, 나의 고향, 나의 아버지, 나의 어머니의 모습을 보았다. 그리고 나의 모습도 보았다.

……

처음부터 "팔아버려!", "못 살겠다.", "내 팔자야!" 불만을 이어갔다.

하지만 그 불만의 토어마다 관객은 웃음으로 반응했다. 웃음기 없는 한어린 삶이었지만 당당한 그녀를 향해 관객들은 웃음을 줄 수 있었다.

이렇게 관객을 웃겼지만 스스로는 화만 가득했던 노년의 여주인공은 등이 굽고 뼈가 깨지는 고통으로 지어낸 쌀자루, 그것을 아홉 자녀들에게 보내며 처음으로 환하게 웃었다.

"논에 물들어 올 때와 자식들 입에 밥 들어갈 때가 제일 좋지…" 라며 웃었던 것이다.

그녀가 이렇게 웃을 때 관객은 오히려 숙연했고 나는 그 속에서 울었다.

사무치게 그리운 나의 어머니를 보았다.

2009. 2

슬픔 · 희망

촛불을 들고 모인 국민광장, 촛불바다.
그 외침이 50일.
촛불속에 있을 때, 아니 촛불의 화상만 보여도 그 애절한 소리에 가슴이 에인다.
촛불든 아픈 가슴이 내 가슴을 파고든다.

얼마나 힘들면
얼마나 아프면
얼마나 화나면
얼마나 사랑하면

촛불을 들었겠는가.
저리 울부짖겠는가.

이 슬픔의 탄식을 듣지 못한다는 말인가
귀막고 외면하는 것인가
우리 국민의 대통령이 맞는가
국민없이 혼자 살아갈 것인가
국민의 고통보다 미국, 대외가 우선일 수 있는가.

슬프다.
아프다.

그래도 촛불이 있어 희망이다.
아픈 가슴 쓸어내린다.
밝게 비추어 환해지니 웃음 지을 수 있다.
손에 손에 이어진 촛불의 향연, 그 위대한 연대의 힘, 희망이다.
승리이다.

2008. 6

또 다른 가족

"왕이 된 것 같습니다…"
"이제 내가 완전해진 것 같습니다…"
"또 다른 가족, 나를 사랑하는 사람들이 바다 건너에 있었습니다…"
"꿈을 이루었어요. 너무 행복합니다…"
"내 고향 땅을 밟은 것만으로도 감사합니다…"

해외 입양인들이 고국에 와 친부모를 만나 울며 고백하는 말들이다. 그들은 대부분 20대 성인들이다.

입양인들은 처음엔 자신을 왜 버렸는지 분노하다가 그 분노가 커지면서 친 부모를 그리워 하게 되고 그 그리움이 사무칠 때 비로소 모국을 찾게 된다고 한다.

초라하고 응어리진 아픔과 어둠의 삶을 거쳐 자신의 확인으로 가족이 있음에 당당함이 마치 왕이 된 듯함이리라.

늘 어딘가 허전하고 어리고 미성숙한 스스로의 모습이었지만 친 혈육 앞에서는 여느 누구와 다름없는 형제요, 자녀로 있는 자신의 모습에서 이제야 완전한 존재감을 느꼈으리라.

양부모의 사랑을 받고 자랐겠지만 늘 허기진 사랑의 공허함이 해외 입양인들에겐 그림자처럼 따랐을 것이다. 하지만 이제 자신에게도 친부모가 있고, 그 사랑을 확인했기에 사랑받는 자기존재에 감격했으리라.

이제 죽어도 여한없을 소원으로, 정말 꼭 이루어야할 꿈을 가슴에 담았던 그 일을 이루었으니 무어라 말하리.

그 꿈을 찾아왔지만 가족을 찾지 못한 많은 이들은 태어나 처음 몸이 맡겨졌던 그 땅을 찾았고, 그 땅을 밟은 것만으로도 감사하고 행복하지만, 한켠 시린가슴을 외면할 수가 없다.

2008. 12
kbs2 tv '다큐3' 뿌리를 찾아온 입양인들의 3일간 과정 방영을 보고

이명박 대통령께

이명박 대통령님.

2009년 새해가 밝은지 며칠 지났는데도 아직도 새해인지 모르겠습니다. 새해에 거는 희망적인 계획을 갖을 수도 없고 갖지도 못했기 때문입니다.

오늘이 일요일이라는 사실도 모르겠습니다. 휴일을 기억하지 못한 채 민주노동당 의원은 17일째 철야농성을 하고 있습니다.

방금 밥을 먹었는데 아침을 먹은 건지 점심을 먹은 건지 모르겠습니다. 시간을 가늠하는 기능을 잃은 채 농성장에 갇혀 있습니다. 그런데 국회의장은 농성장에 먹을거리를 들여오는 것 마저 제한하고 있습니다.

국회가 삼권분립에 의해 독립적인 기구라는 것을 알고 있을 것입니다. 대통령은 행정부의 수장이지만 국회를 좌지우지 하려고 해서는 안됩니다. 반민주 독선과 아집, 교만을 버려야 합니다. 국회를 손에 쥐려는 순간 국회와 대적관계가 될 것이며, 곧 국민과 대적하는 것입니다. 국민과 대통령이 대적 관계가 된다는 것은 그 나라의 파탄을 예고하는 것입니다.

대통령께서는 지난 6월 촛불의 힘, 촛불의 뜻을 보고 읽었다고 하였습니다. 국민이 사탄이고 적이라고 선언한 순간 대통령은 국민의 적이 되어 촛불의 저항과 지탄을 벗어날 수 없다는 것을 누구보다 잘 아실 것입니다. 국민으로부터 신뢰 받지 못하는 정부와 대통령은 서서히 자멸하고 말 것입니다.

역사를 통해 국민이 승리한다는 것을, 민주주의가 승리한다는 것을 우리는 잘 알고 있습니다.

대통령의 권력은 국민으로부터 신뢰 받을 때, 국민주권이 인정될 때에야 비로소 사용 가능한 것 입니다. 국민을 섬기는 리더쉽을 행사하겠다는 이명박 대통령의 약속을 기억하고 있습니다.

지극히 작은 한 사람, 가난하고 아픈 사람들, 땀 흘리며 일하는 노동자들의 소리를 외면하지 않고 적극적으로 경청하며 그 뜻을 반영하는 정권이 진정한 국가권력일 것입니다. 1%의 재벌을 위한, 재벌의 배를 채우는 반서민적 휘두름을 멈추십시요. 소수자와 약자를 존중하고 다수의 민중의 뜻을 거스르는 반 민주주의, 불평등과 차별을 중단하십시요.

민주주의는 다름을 존중하고 대화와 타협으로 일구는 민의정치입니다. 다수여당과 대통령이 불도저처럼 밀어 붙이는 것은 폭력이며 무력일 뿐입니다. 폭력이 비폭력을 이기지 못하는 것도, 무력이 평화를 이기지 못하는 것도 역사를 통해 알 수 있습니다.

대통령님!

이제 그만 국민에 대한 무시와 무력화된 폭거를 멈추시고 진정한 마음으로 국민한 사람 한 사람을 존중하고 섬기십시오. 국민의 뜻을 절대절명으로 받아 재벌을 위한 악법들을, 자유민주에 반하는 악법들을 폐기처분하십시오. 그리고 민의의 전당 국회를 존중하십시오. 국회는 대화와 타협으로 대의정치, 민주정치를 이루어 갈 것입니다.

기축년 새해, 농성장을 벗어나 국민을 섬기는 이명박정부를 기대하며 국민과 함께 현존하는 방안을 모색하며 희망을 안고 휴일엔 가족과 휴식을 얻으며 주어진 세 끼를 감사함으로 먹을 수 있도록 해주십시오.

이 모든 것이 대통령 한 사람에게 달려 있다는 사실이 무섭습니다. 당신의 선택을 지켜보겠습니다.

2009. 1. 4

국회 농성장에서

이제 맡겨놓은 권력을 주인이 찾아와야 한다

용산 재개발지구 참사로 숨진 철거민추모제가 열렸다. 청계광장을 경찰이 막아 영풍문고 앞 좁은 광장에 자리 잡았다. 영정을 든 유족과 만 여명의 시민들이 가슴에 검은 리본을 달고 손엔 조화와 촛불을 들고 모였다. 심령엔 분노와 슬픔과 고통, 무서움이 가득했다. 추모사로 나선 연사들의 절규, 노래와 춤으로 품어낸 슬픔들이었다. 고인의 딸이 생애 처음 집회에 나섰노라며 30여년 성실히 일하며 살아오신 평범한 아버지께 "사랑합니다."라는 말을 하고 싶은데 곁에 계시지 않다며 목메어 말이 끊겼다.

지난 20일 용산 참혹한 현장에서 나는 무서움과 추위에 온몸을 떨었다. 추운 겨울날, 30여년을 살아온 생계의 터전을 떠나라니 청천벽력이며 죽음에로의 내몰음이다. 그 곳이 아니면 가족을 먹여 살려줄 곳이 없는데 어디로 가라는 것인가. 임시 생계 터를 마련해달라는 요구에 막무가내로 쫓아내고 철거하겠다니 막다른 길에 선 철거민은 망루로 대처했고 가족을 살려야하는 처절한 싸움으로 맞섰다.

정부는 철거반, 물대포, 경찰특공대를 출동시켜 그 죽음의 구석에서 떨고 있는 낮고 가난한 그들을 진압으로 죽였다. 가난하지만 가족들과 살아야겠다는 자국민을, 국민을 섬기고 보호해야할 정부가 타협과 기다림없이 죽이려고 작정해서슴치 않고 공권력의 칼을 휘둘렀다.

대통령을 어버이라 하지않던가. 용산재개발지구 참사는 부모가 자식을 죽인 것과 무엇이 다른가. 그보다 더한 무서움이다. 그 잔인함이, 공권력의 자리를 지키기 위해, 그보다 높은 자리로 올려줄 거라는 희망만이 김석기 경찰청정 내정자에게는 있었던 것일까. 이명박 대통령은 그 믿음직한 폭거, 밀어붙이는 불도저라서 자기의 마음을 읽은 김석기 내정자를 지금도 감싸고 있는 것일까. 다섯 명의 가난한 서민의 죽음은 내 팽개치고 그 죽음을 가해한 책임자를 처벌하지 않는 것은, 총 책임자인 대통령 스스로의 책임을 부인하고자 함이다.

국민의 생명을 앗아간 정부는 더 이상 국민의 정부가 아니며, 국민을 죽이는 대통령은 더 이상 국민의 대통령이 아니다. 아직 대통령이고 싶다면 국민이 안심하고 신뢰하며 따뜻한 겨울을 날 수 있도록 서민 곁으로 다가와야 한다. 잘못했다고 사죄하고 앞으로는 잘 하겠다고 말하며 국민 곁으로 와야 한다. 국민을 등지는 길로 계속 간다면 낭떠러지로 추락하고 말 것이다.

대통령 임기 1년도 안되어 국민을 가난과 추위, 죽음으로 내몰고 있으니 이 길을 멈추게 해야한다. 이명박 대통령은 죽어간 국민 앞에 사죄하고 사건을 지휘한 김석기 등 모든 책임자를 처벌하고 피해가족들에게 보상해야 한다.

서민들은 가진 자들을 위한 뉴타운, 재개발을 원하지 않는다.

서민들은 생을 지키는 올드타운이 차라리 천국이다.

왜 서민들의 입을 막고 그들 앞에서 당신들의 귀를 막는가.

왜 부자들의 입만 열고 그들 앞에서 당신들의 귀만 여는가.

슬프고 답답하고 무섭다.

내 나라에 사는 주인인 국민이 나의 주권, 나의 권력을 맡겨놓은 공권력 앞에서 무서움에 떨어야 한다니…

슬프고 슬프다.

분하고 분하다.

이제 맡겨놓은 권력을 주인이 찾아와야 한다. 촛불을 밝혀 찾아올 것이다. 무서움에서 평온으로 슬픔에서 기쁨으로 분노에서 평안과 자유를 찾아 올 것이다.

2009. 1

경쟁

오십평생 처음으로 죽음을 가슴으로 이해했다.

나는 누구를 이기기 위해 살아오지 않았다. 그저 스스로 승리하기 위해 최선을 다해왔다. 옳음인가를 분별하고 목숨 내놓듯 최선을 다하고 결과는 당연함으로 따라오는 것이기에 나의 발걸음은 누구의 평가보다 내 스스로의 평가가 가장 진실이었기에…

죽이고 싶도록 미운, 죽더라도 이겨야할 라이벌은 없었다. 상대평가보다 절대평가만 하며 살아온 습관은 치열한 경쟁의 고통을 그리 크게 느끼지 못하였던 것일까.

그런데 온 몸에 힘이 빠지고 활동의욕도, 밥맛도 전혀 없다. 큰 스트레스에 갇혀있는 나를 읽는다.

'평가하여 잘라내겠다. 언론노출빈도, 복종정도가 평가기준이다.'

우리가 지향하는 좋은세상을 이루어가기 위해선 서로 격려하고 지원하여 통합하고 확장해야 하지만 서로를 판단과 배격으로 찢어내는 그래서 부실과 축소로 국민으로부터 외면당해 무력으로 떨어져서는 안될 것인데…

우리는 왜 이래야만 하는 것일까. 학생들이 죽음을 선택하게 되는 것을, 직장인이 죽음을 선택하게 되는 것을 공감한다.

경쟁, 내가 살기위해 너는 죽어야해. 너를 이겨야 내가 살 수 있어 내가 살기 위해 내 곁의 누구는 라이벌이 되고 적장이 되어 전쟁의 한가운데에 적대적관계만 남고 이겨야한다는 극심한 부담감과 긴장감, 주변의 불신과 질투심은 날 수 있는 자유를 꺾고 벼랑끝, 죽음의 구석으로 내몰린다.

나는 그 경쟁에 끼고 싶지도 않고 이미 벗어나 자유롭다고 되뇌지만 내 몸은 그 곳에 갇혀 있다. 무능력하다고 내동댕이쳐질 모습에 두려움과 수치심을 벌써 몸이 느끼는 것이다. 우리는 이런 살인적 경쟁의 시대에 갇혀 왜 죽음을 살고 있는 것일까?

노무현 대통령, 그 경쟁의 끝 벼랑에서 승복한 것인가.

몸을 던져 마지막 투혼으로 승리한 것인가.

죽음과 삶이 하나라고 한 그는 지금도 조여 오는 고통에 있을까.

부질없는 곳에서 떨어져 나와 자유로운 창공을 훨훨 날고 있을까.

최선으로 살아온 삶이 부질없어져 버렸기에 상실감으로 비통했던 고통의 짐을 벗어버리고 고통속에 갇혀있는 나약한 이들이 웃음으로 일어서 살아가기를 그리도 바랐던 것처럼 그도 편안히 잠들어 웃음으로 우리와 함께 살아가기를 부디부디 기원한다.

2009. 5

서서 일하는 서비스 여성노동자에게 의자를 제공해야 한다

캠페인을 통해 의자가 마련되는 변화를 이루었다.

작년부터 대형마트나 백화점 앞에서 어깨띠를 두른 채 마이크를 잡고 호소하기도 하고 길거리에서 전단지를 나누며 시민 캠페인을 벌이기도 하였다. 민주노총 서비스연맹과 함께 '서서 일하는 서비스여성노동자에게 의자를'이라는 캠페인 활동을 한 1년, 캠페인 후 달라진 현장을 둘러보았다.

대형마트의 계산대에는 의자가 마련되었고 앉아서 일하는 여성들도 있었다. 일단 긍정적 변화의 성과를 거두었다. 그러나 소수 대형마트 계산대로 제한되어 있고 마트 내에서도 고객 서비스센터나 임대 입점 매장은 의자 마련이 전혀 되어있지 않았다. 한 여성은 아주 힘겨운 듯 손님 없는 틈을 타 맨 바닥에 앉아 있기도 하였다.

정부는 지도감독의 책임을 다하여 모든 사업장에 의자를 마련해야 한다.

산업안전보건법에는 근로자의 안전과 보건을 위해 사업주는 지속적으로 서서 일하는 근로자가 작업 중 때때로 앉을 수 있는 기회가 있는 때에는 당해 근로자가 이용할 수 있도록 의자를 비치하도록 되어있다.(산업보건기준에 관한규칙 제277조)

그런데도 대부분의 사업장에는 의자가 마련되어 있지 않다. 노동자를 위해 법을 집행해야하는 정부는 지도감독의 직무를 유기하고 책임을 외면하고 있고 사업주는 눈앞의 이익만을 위해 서비스 품위가 떨어진다며 노동자 핑계를 대고 있다. 하

루 8시간 중 단 한 번도 앉아보지 못하고 서서 일해야만 하는 노동자는 허리질환, 다리질환으로 고통스러워하면서도 겉으로는 웃어야한다. 쌓이는 신체적, 심리적 스트레스는 결국 노동의 현장을 떠나게 하거나 소비자에 대한 서비스의 질을 낮아지게 한다.

정부는 사업주에게만 책임을 떠넘기지 말고 의자 마련 예산을 지원하는 등 적극적 조치를 통해 모든 사업장에 의자를 마련 할 수 있도록 해야 한다. 사업주 또한 근로자의 몸을 존중하고 노동을 존중하여 의자 마련에 힘을 보태야 한다.

인간의 몸, 그 몸으로 행하는 노동은 무엇과도 비교할 수 없는 소중한 것이다. 그런데 지속적으로 서서 일하게 되면 우리 몸은 큰 무리가 생겨 하지정맥류, 관절염 등 심각한 질병을 초래한다.

서서 일하는 여성노동자가 앉아서 일하는 사무직 노동자에 비해 하지정맥류가 많게는 18배에 달하는 것으로 나타났다

눈앞의 이익만 바라볼 게 아니라 노동자의 건강을 지켜 효율적인 노동환경을 만들어 노동자, 사업주, 소비자 모두가 함께 살아갈 수 있도록 해야 함은 두말할 필요가 없다. 이를 위해 작은 실천으로 사업주가 의자마련에 앞장서야 한다.

노동자는 노동권 · 건강권의 권리를 가지고 당당히 의자에 앉아야 한다.

지속적으로 서서 일하는 노동자도 건강을 유지하며 노동할 권리가 있다. 그래서 노동자 스스로 의자마련을 요구하고 당당하게 의자에 앉을 수 있어야 한다. 사업주의 눈치, 소비자의 눈치에 자신의 몸을 혹사시키는 것은 스스로의 권리를 포기하고 삶의 질을 떨어뜨리는 것이다. 앉아 있다가 소비자가 왔을 때 일어

서면 오히려 소비자에 대한 적극적 서비스 태도로 비춰질 수 있을 것이며 소비자도 대부분 노동자이기 때문에 그 환경에 공감할 것이라 여긴다. 노동자가 의자에 앉아 손님을 기다릴 수 있을 때, 소비자에 대한 진정한 서비스가 제공 될 수 있다.

소비자는 당연히 제대로 된 서비스를 받을 권리가 있다. 그런데 서비스를 제공하는 노동자가 열악한 노동환경으로 인해 좋은 서비스 활동에 제약이 따르게 되면 소비자가 원하는 진정한 서비스를 받기 어려워지게 될 것이다.

오랫동안 서서 일하는 노동자에게 의자에 앉을 수 있는 자율을 존중해 상호간 서비스 질을 높일 수 있을 것이다.

다국적 기업 매장에서 여성 노동자가 "희망사항일 뿐이죠"라고 한 이 고백이 현실화 될 수 있도록 계속해서 많은 관심과 노력을 소비자나 노동자, 사업주 모두가 함께 해야 한다. 또 정부의 지도감독 책임을 계속해서 묻고 따져 더욱 확실한 변화를 이끌어 내어 서서 일하는 모든 곳에 의자가 마련되도록 해야 한다.

2009. 6

국회정론관은 국민과 자유로운 소통의 장이어야 한다

1년 전 국회의원이 되어 국회 정론관 브리핑룸 발언대에 종이박스를 놓고 서야했다. 키 작은 장애인 의원은 배제된 단상개선을 요구했고 국회 본회의 신상발언을 통해서도 국회의장에게 요구해 가장 빠른 시간안에 개선하겠다는 약속을 받아냈다.

그런데 1년이 다 되어가는데 키높이 조절이 가능한 단상배치는 커녕 오히려 일반시민은 정론관 발언대에 서지 못한다는 운영지침을 발표했다.

한술 더 떠 단상개선은 뒤로 미루고 국회특성은 간데 없는 청와대, 백악관 따라하기 인테리어로 설치했다.

국회사무처는 국회의원이 요구하고 국회의장이 약속한 장애인 편의시설은 아랑곳 않고 오히려 국민의 입을 막고 있다. 국회정론관은 국민을 대변하는 국회의 소통장이다. 국민이 직접 참여해서 국회의원과 함께 할 수 있다면 이 보다 더 좋은 것이 어디 있겠는가?

국회차량에 달고 다니는 '국회의 주인은 국민입니다.'라는 큰 글귀가 참으로 부끄럽다.

2009. 6

형형색색의 옷을 입을 수 없는 슬픈 나날들

요즘 아침 옷을 입을 때마다 다시 우울해진다. 2009년이 시작되자마자 용산 철거민 참사로 슬픔에 메여 검은 옷을 입어야 했다.

화물노동자 박종태 열사의 죽음, 노무현 대통령의 서거, 쌍용노동자 해고, 쫓겨나고 살해당하는 민간인들, 가는 곳마다 무작정 연행 수감되는 공안정국.

슬픔의 현장뿐이다. 검은 옷은 고인과 유가족에 대한 최소한의 예의이며 조의의 표현이다. 슬픈날 형형색색의 옷을 입는 것은 민망함이다. 많지도 않은 옷, 그 중에 유채색의 옷을 입을 수 없지만 날마다 똑같은 옷만 입을 수도 없고 검정 옷도 철따라 준비해야 할 모양이다. 아침마다 아름답고 화려한 옷을 밀쳐야하는 슬픈 나날들이 나를 더욱 우울하게 한다.

용산참사의 유가족들은 4개월이 넘도록 아직도 검은 옷을 벗지 못하고 있다. 옷매장에서 비싸지 않아도 화려하고 멋진 형형색색의 옷을 마음껏 고르고 아침마다 거울 앞에서 마음껏 그런 옷을 입을 수 있는 날이 언제나 올 수 있을까

국민은 웃음과 희망을 잃고 슬픔과 우울한 옷만을 입고 있는데 정작 국민을 슬픔의 자리로 몰아넣은 이 나라 대통령은 국민의 슬픔과 아랑곳없이 날마다 형형색색의 넥타이를 매고 웃고만 있다. 국민 앞에 기본 예의도 없는 대통령, 국민의 색을 맞추지 못하는 대통령, 국민의 슬픔과 무관한 대통령은 국민의 대통령이 아니다.

2009. 6

국민과 함께 평화의 행진, 삼보일배에 임하고 있습니다

작은 몸짓이지만 국민의 뜻 함께 하고파 삼보일배에 나섰습니다.

오늘 9일째, 첫날은 많이 울었습니다. 죽음에 놓여있는 우리 국민이 너무나 긍휼히 여겨졌기 때문입니다. 지금은 복받쳐 오르는 울음을 삼키고 냉정을 찾아 차분히 한걸음 한걸음 이명박 대통령을 향한 국민의 외침을 담아 청와대행 행보에 임하고 있습니다.

처음 해보는 삼보일배, 걷다가 휠체어타기를 병행하지만 다리와 허리통증으로 힘겹습니다. 하지만 민주주의 위기감, 처절한 민생경제, 긴장조성의 남북관계를 생각하고 국민의 염원과 분노를 생각하면 불끈 힘이 실어집니다. 길 가는 시민들께서 지지와 격려를 보내주시고 가끔 쓴 소리도 들려주십니다. 걸음마다, 엎드릴 때마다 국민의 염원을 담아 기도하며 평화적이고 합법적인 행진을 하고 있습니다. 하지만 경찰은, 뒤따르는 보좌관과 당직자, 시민을 마구잡이로 뜯어내고 강기갑 당대표와 저의 삼보일배를 경찰차벽과 방패로 거칠게 막고 있습니다.

청와대의 지시에 따른 것입니다. 입법부의 정당한 정치활동, 공당의 정치활동에 대한 탄압이며 국민을 보호하며 안전한 행보를 보장하고 준법을 집행해야 할 정부가 오히려 불법을 자행하는 것입니다.

국민의 소리와 행보에 불소통과 강압통치로 대응하는 이명박 대통령의 모습에 숨통이 막힙니다. 그렇지만 국민적 요구는 포기할 수 없는 것이기에 오늘도 희망을 갖고 삼보일배에 임합니다.

삼보일배, 걸음마다 되뇌이는 기도가 있습니다.

죄송합니다.

국회의원은 국민의 대변자이며 정치지도자로 국민을 살려내고 웃게 해야 하건만 국민이 죽어만 가고 있고 슬픔과 분노의 가슴만 남게 되었으니 정치인으로서 책임이 큽니다. 나의 역할이 많이 부족했습니다. 국민께 참으로 죄송합니다. 소수라는 숫자에 메이지 않고 국민 곁에서 서민 곁에서 귀담아 듣고 함께 해결하도록 하겠습니다.

살려주십시오.

공권력에 의한 용산참사에 희생당한 다섯 명의 철거민, 운수노동자의 생계를 위해 자결한 박종태 열사, 정치권력의 살인적 횡포에 몸을 던진 노무현 전 대통령, 반통일 정치에 목숨 바쳐 항거한 강희남 목사님, 어찌 이 분들뿐이겠습니까. 등록금이 없어 죽어간 학생들, 끼니 생계가 어려워 동반자살한 가족들, 이렇게 수많은 국민이 죽어만 갑니다. 진실을 밝혀 이 분들을 살려야 하며 유가족을 살려야 합니다. 이제 더 이상 국민이 죽어가서는 안 됩니다. 우리 국민을 살려주십시오. 제발 우리 국민을 살려주십시오.

바꿔주십시오.

노무현 전 대통령의 서거에 우리 국민은 '사랑합니다', '지켜주지 못해 죄송합니다'라며 마음으로 통곡하고 슬퍼했습니다. 가신 대통령에 대한 사랑과 살아있는 대통령에 대한 분노가 공존합니다.

국민을 지켜야 할 대통령이 국가권력을 휘둘러 국민을 죽이고 있습니다. 슬퍼하는 국민을 위로하고 분노한 민심에 겸허히 자기를 돌아보고 무릎 꿇고 고개를 조아려 사죄해야 하건만 목을 꼿꼿이 세우고 국민과 대적하고 있습니다.

죽은 자는 있는데 죽인 자는 없는 이상한 현실, 은폐와 강압으로 국민을 우롱하며 분노에 부채질을 하고 있는 것입니다.

이명박 대통령은 더 이상 국민을 적으로 만들어서는 안 됩니다. 국민을 살려야만 합니다.

국민을 슬프게 한 죄,
국민과 대적한 죄,
국민을 죽인 죄,
국민의 입과 귀를 막고,
스스로의 귀를 틀어 막은 소통부재,
억압정치,
국민자유 말살하는 반민주정치,
서민 약자 죽이고 재벌 강자 살리는 반서민 반인권 복지,
노동하는 사람을 탄압하는 반노동정책,
반성하고 전환하여 국민을 살려야합니다.

이명박 대통령!
국민을 살리고 국민에게 희망을 주는 방향으로 생각을 바꿔주십시오.

2009. 6

무능력의 극치를 보여주고 있다

대한민국 수도 서울의 거리를 거닐다보면 그 한복판 도로를 경찰차가 채우고 있는 것을 볼 수 있다. 또 시민이 평온하게 소수로 혹은 무리지어 있는 곳엔 수백 수천의 경찰이 인도를 채워 둘러싸고 있다.

사람들이 모여 즐기는 광장에 수십 혹은 수백의 시민이 모이면 경찰은 수천 수만이 몰려와 광장을 막아 옥죈다. 숨이 막힌다.

도대체 도시 전체가 경찰서인가 싶다.

국민은 죄인이 되어 거대한 도시 유치장에 살고 있는 것인가!

도시에는 시민과 국민이 판을 쳐야하는 것이건만 경찰이 모여 판을 치고 있다. 경찰은 국민이 위기에 처했을 때 보호 구제를 위해 현장에 투입되어야 한다.

그런데 국민의 안녕을 위하고 책임져야 할 '민중의 지팡이'인 공권력 경찰이 평온한 도시를 휘두르고 있다.

이는 국민을 잠재적 범죄자로 보기 때문에 위협과 협박으로 긴장과 불안, 공포의 긴장국면으로 국민을 몰아붙이고 있는 것이다.

본디 열등감이 높고 무능력 할수록 소통과 여유를 멀리한 채 독선과 아집으로 억압·무력 통치를 자행하는 것이다. 두려움에 대한 반사행위이다. 이명박 대통령은 무능력의 극치를 보여주고 있다.

대한민국의 주인은 국민이며 진정한 권력 또한 국민에게 있다. 주인이 판을 쳐야지 경찰이 판쳐서는 결코 안 될 것이다. 경찰은 국민의 가는 길을 이제 그만

막고 빨리 도로와 광장이 아닌 경찰서로 돌아가야 한다.

주인이 자유롭고 당당하게 거리를 활보하고 광장을 토론과 문화마당으로 누리며 살 수 있도록 해야 한다.

이명박대통령은 진정으로 국민이 치켜든 촛불이 두려운가?

더 이상 이명박정부의 열등과 무능을 국민에게 표출하지 말고 국민을 존중하고 뜻을 받들어 대통령으로서 국민과의 관계에 신뢰감을 찾고 자유를 찾을 수 있기 바란다.

2009. 6

길거리에 주저 앉아 있을 수만은 없다

우리나라의 현실이 나를 거리의 정치인으로 만들었다. 그래서 서민의 삶과 떨어질 수 없는 한 몸이 되었다.

비를 맞는 사람에게 우산을 씌워주고 싶었는데 함께 비를 맞고 있다. 배고파하는 이에게 밥을 주고 싶었는데 그저 배고파하며 곁에 앉아있다. 비맞는 이와 배고픈 이와 공감대가 이루어지고 동화되어 한 가족이 되어있다.

죽음으로 슬픔에 빠져있는 곳, 가족의 생사가 달린 일터에서의 해고통보를 받아들일 수 없어 투쟁하는 현장, 장애인이라는 이유로 시설의 갇힘을 벗어나 평범한 지역민의 한 사람으로 살고자하지만 거처가 없어 나앉은 거리, 어디든지 힘겨운 서민이 있는 곳이면 어김없이 찾아가 함께하며 격려로 힘을 보태는 것이다.

그러면서 내 모습이 변했다. 슬픔과 분노의 모습으로 변해가고 있다. 다수의 국민이 그렇기에 나 또한 슬프고 우울하며 괴로움과 분노로 들끓고 있다. 그러나 나는 처음부터 그리지 않았다. 늘 환하게 웃으며 행복했었다. 가끔 영화도 보고 여행도 하며 감격하며 자유로웠다.

그러나 이명박정권 1년 5개월, 국회의원 1년을 살고 있는 내 모습은 초췌하고 자유를 잃어버렸다. 길바닥에 무릎꿇고 머리 조아리는 삼보일배를 함께하고 길바닥에 나앉아 함께 땅을 치고 통곡하며 어깨띠 두르고 연좌하는 자리에 끼어앉아 팔뚝질하며 천막을 틀고 거리에 살면서도 희망이 보이지 않는다.

국민은 국회의원이 평범한 서민으로 함께 굶고 있는 것을 더 이상 원하지 않는다. 국회의원이라는 막중한 권한과 책임을 가지고 굶어 죽어가는 이들에게 밥을 주어 주린 배를 채워 살게 해주길 원하는 것이다. 함께 웃으며 희망을 나누는 해결사가 되어달라고 국민의 대표를 국회로 보낸 게 아니겠는가.

이제 그 속에서 빠져나와 조금 떨어진 곳에서 해결점을 찾아야 할 것 같다. 나무를 보려거든 숲으로 들어가야 하지만 숲을 보려면 숲을 빠져나와야한다. 그리고 그 숲을 가꾸어야 한다. 나무아래 앉는 건 쉬운 일이지만 숲을 가꾸는 일은 더욱 힘겨웁다. 조금 시간이 걸리더라도 여유를 갖고 멀리 보며 뱀 같은 지혜로 책임완수를 해야 한다. 어떻게 해야 할까. 거대여당 한나라당은 정부와 손을 잡고 야당을 무시하고 일방독주, 단독국회를 자행하고 있으니 말이다.

무력한 소수의 국회의원이 되어 주저 앉아 있을 수 만은 없다.

항상 다수가 이기는 것이 아니다. 비록 수가 적다할지라도 목숨을 건 자가 승리할 것이며 의(義)가 승리할 것이며 국민이 승리할 것이다.

그 승리의 길을 가야한다.

2009. 6

통일세상에서 뵈리다

'2009년 8월 18일, 김대중 전 대통령 서거'

어둠을 밝히던 하늘의 큰별이 떨어짐이었습니다. 마을을 지키던 든든한 거목의 넘어짐이었습니다.

나라의 지도자, 어르신이 떠난 큰 슬픔이었습니다.

나라가 텅 빈 듯 허전하고 힘이 없었습니다.

든든하게 길을 안내하던 안내자가 없어졌고 따르던 사람들만 남았으니 우왕좌왕 할 것 같아 불안하고 염려스러웠습니다.

오늘 당신을 보내는 영결식에서 "우리의 소원은 통일 꿈에도 소원은 통일, 이 정성 다해서 통일 통일을 이루자. 이 겨레 살리는 통일, 이 나라 살리는 통일, 통일이여 어서 오라 통일이여 오라" 통일의 노래를 소리 높여 불렀습니다.

평소에도 가슴 떨리는 노래, 불끈 손을 쥐게 하는 노래가 오늘 당신 앞에서는 더욱 애절했습니다.

2000년 6월 13일, 남북한 정상이 두 손을 잡았을 때, 6월 15일 두 손을 번쩍 들어올릴 때 뛰었던 가슴을 지금도 기억하면 억제하기 어렵습니다. 당신께서 놓았던 통일의 시작과 끝을 보았기 때문입니다.

당신의 간절한 꿈이었고 행동하는 양심이었던 '자유가 들꽃처럼 만발하고 정의가 강물처럼 흘러넘치며 통일에의 꿈이 무지개처럼 솟아오르는 이 나라'를 만들기 위해 그것을 거슬리는 것들과 싸우겠습니다.

당신은 진정한 우리의 대통령이었습니다.

'국민이 대통령입니다.'라며 우리를 대통령으로 만들었습니다. 국민에 대한 사랑과 존경을 아끼지 않았습니다.

가장 연약한 백성들을 살피며 채웠습니다. 장애인, 여성 등 누구도 차별하지 않은 평등으로 진정한 민주주의와 인권, 생명과 평화를 일구었습니다.

초선의 어린 정치인으로 가까이 뵈오며 말씀을 듣고 싶었는데 너무 아쉽기만 합니다. 당신이 가셨던 민주주의와 평화의 길, 그 길은 죽음을 넘나드는 고난이지만 힘이며 승리임을 당신에게서 배워 잘 알고 있습니다. 그 승리의 길, 가야할 그 길을 뚜벅뚜벅 가겠습니다.

당신이 가신 그 영원한 그리고 민주 · 평화 · 통일세상에서 곧 뵈리다 .

2009. 8

꿈

눈 감고 잠들어야
꿈을 꿀 텐데

눈을 감기도 전
누워있지도 못한다.

뛰는 가슴 너무 커
잠 못 든다

누웠다
앉았다
밤새
꿈속에 논다

2009. 11

훨훨 날아 춤추리라

나를 위해서 열심히 살고 있구나.

그래서 기쁨도 웃음도 행복도 없구나.

인정받는 국회의원, 지켜야할 자리, 지속되어야 할 자리, 더 올라가야할 자리.

그 권력을 거머지기 위해 지혜를 모으고 전략을 짜고 사람을 만나고 그것이 결국 서민을 위한 길이기 때문이라고 합리화 하고 있다. 진보가 옳은 것이라고 당을 위해서라고 투쟁의 길을 가야한다고 온 힘을 다하고 있다.

슬프고 약하고 아픈 사람들이 위로받고 치료받고 힘을 얻어 나아지는 것을 보아야 내 신체는 뛰고 내 영혼은 노래 부르리, 그 뜀이 멈추고 그 노래가 말라버렸구나.

자리는 낙엽되어 뒹구는 단풍잎 같은 것.

그 권력은 햇살아래 사그라지는 아침이슬 같은 것.

결국은 그 허망함인 것을,

그 공허함에 그 허기에 힘들어하는구나.

그 초월의 세계, 자유로이 그 망망한 창공을 날던 그 환희의 세계.

그 곳으로 돌아가련다.

나를 버리고 진정한 나를 찾아

그 태초의 자리로 가야한다.

움켜진 것들, 무거운 것들 다 털어버리고

훨훨날아 바람따라 춤추리라.

2009. 11

국민을 섬기는 겸손한 국회가 되게 하옵소서

살아계신 하나님!

내 하나님이 내 마음을 감화하사 내가 살아있다는 것만으로 환희요, 감사였습니다. 그런데 지금 우리는 살아있다는 이름은 가졌으나 죽은 자 입니다.

용서하옵소서.

평화의 왕으로 이 땅에 오신 하나님!

하나님이 사람되어 임마누엘로 우리 곁에 오셨습니다.

그 놀라운 사랑으로 우리는 하나님을 뵈옵고 주님을 만났습니다.

그리고 죄악된 우리의 모습을 보았습니다.

그 죄된 우리는 십자가의 보혈로 씻김 받고 하나님 나라 백성으로 살아가는 엄청난 축복을 거머쥐었습니다.

사랑하는 하나님!

대한민국 18대국회에는 오천만 국민을 대표한 299명의 국회의원이 모여있습니다. 그 중에 하나님을 믿는다는 사람이 아주 많습니다. 그런데도 국회는 달라지는 것이 없습니다. 가난에 굶주리고 추위와 병마에 시달리는 서민들은 안중에 없고 정치권력의 자리를 지키고 강화하려는, 빼앗아 가지려는 정쟁과 욕심만이 가득한 양의 탈을 쓴 늑대들의 소굴입니다.

용서하옵소서

염치없고 죄송하옵기 그지없지만 그럼에도 불구하고 성탄의 긍휼과 사랑의 은혜를 구하옵니다. 그 은혜가 아니고선 우리가 살길이 없습니다.

은혜를 부어주옵소서

하나님의 선한 손으로 우리를 도우소서,

하늘의 하나님이 우리로 형통케 하실줄 믿습니다.

오늘 사랑하는 홍정길 목사님을 통해 주시는 말씀의 은혜를 기대합니다. 우리의 예배를 받으시고 말씀따라 순종하는 믿음의 국회, 민생을 살피고 국민을 섬기는 겸손한 국민국회가 되게 하옵소서.

예수님의 이름으로 기도합니다. 아멘

2009. 12. 2
대한민국 국회조찬기도회 12월 성탄기념예배 대표 기도문

웃고싶다

설날!

웃음을 빼앗긴 채 당사의 농성장에서 맞이했다.

올해는 '좀더 웃으리라' '웃으면서 싸우리라. 웃음을 만들어 내리라. 국민들을 웃게 하리라' 다짐을 했건만 웃을 수가 없다.

전교조, 전공노를 향한 수사가 민주노동당을 향하고 야당을 향하고 있다. 바른 말, 바른 눈을 가진 국민과 공당을 탄압하여 폭거정치, 독재정치를 하려는 것이다.

민주노동당 당원의 정보를 압수수색 하겠다고 나서는 검찰의 발상은 도대체 어디에서 나온 것인가.

정부를 향한 비판의 입을 막고 무단행보, 일방독주로 대한민국을 망치고 민주주의를 후퇴시킬 것인가.

웃을 여유가 없다.

화가 나고 분노가 인다.

웃고 싶다.

국민을 웃게 하고 싶다.

제발 자유롭게 하라.

2010. 2

대한민국의 정치현실, 비탄스럽다

검찰청장 면담을 요청하고 검찰청에 갔지만 철문이 굳게 닫힌 채로 경찰이 문을 막아 들어가지 못하고 말았다.

현역의원과 민주노동당 최고위원들이 청장을 만나 민주노동당에 대한 불법 수사에 항의를 하고자 하였지만 오만불손한 검찰청장은 경비과장을 보내 출입문을 봉쇄하였다.

"검찰은 법의 용인을 넘어서는 초법적 수사행태에 대해 사과하고, 당원명부 및 계좌의 압수수색 등 위헌적 정당정치파괴 행위를 중단하라."

기자들에게 우리의 입장을 전하고 항의서한을 낭독하고 철문 밖에서 전달하고 돌아와야 했다.

대한민국의 정치현실, 참으로 비탄스럽다.

2010. 2

사랑 · 함께

사랑이면
함께이면
못할 일이 없다

사랑이면
함께이면
행복이다

2010. 7

내려놓음

왜 이리 몸이 힘들까
왜 이리 마음이 외로울까

자리 지키기, 자리 오르기
인정받기, 배제와 차별에 저항하기

내려놓고 나니 이렇게 자유로운 것을…….
갇힘에서 뚫고나오니 이리 살 것 같은 것을…….

수고하고 힘을 들여야 해결되거나 변화시킬 수 있지만
욕심으로 부둥켜 안으면 무거운 짐, 심각한 스트레스, 결국 소진이다.

2010. 8

광주비엔날레를 다녀와서

추석연휴를 틈내어 2010광주비엔날레 현장을 찾았다.

'만인보 10000 LIVES'

"보통은 이미지로 드러내려 하지만 이렇듯 사람들은 드러난 이미지를 두려워합니다." 이한열 열사의 영정이 칼로 훼손되어 있는 작품 앞에서 유능한 도슨트의 해석이다.

촬영이 금지되고 실제 살아있는 사람들이 등장한 정지된 어떤 것으로도 보존 될 수 없는 진행형의 작품들. 이미 존재한 누군가의 작품을 차용한 작품이 원작으로 작품화한 작품, 당당히 누구의 것을 복사했다고 말하며 자신의 원작으로 내어 놓을 수 있는 그 발상이 이미 창작물! 작가일 수 있는 사고인 것이다.

9.11쌍둥이 빌딩이 무너진 다음날 세계의 신문들의 보도는 각각의 시각을 드러냈다.

상식과 현실을 뛰어넘는 이들이 '예술가'이다.

그런데 우리는 왜 스스로 갇히고 제한된 삶을 살고 있는 것일까?

다름, 불확실 함, 미래에 대한 두려움 때문일까?

바늘구멍 같은 틈으로 그 광활한 곳을 보게 해준 작가들께 감사와 존경을 드린다.

삶에는 정답이 없는 것을…

우린 왜 정답을 요구하고 찾아 헤매는 것일까?

찌들어진 얼굴도 지닌 자체가 메시지이며 힘을 가지고 있다. 단지 피하고 싶을 뿐, 아- 나는 웃음만 찾아 헤매고 있다. 고통이 너무 힘들어서이다. 하지만 그 고통도 소중한 것임을 안다.

내 고통도, 타인의 고통도 만나야 한다.

웃음만 만나려 한다면 영원히 웃을 수 없을지도 모른다.

내 삶은 물론 타인의 삶도 인위적으로 만들 수도 없을 뿐 아니라 만들려 해서도 안된다. 그러나 온전하지 못한 인간이 만든 '기준'이기에 온전한 것이 아니며 '의(義)'가 아니기에 지킬 필요가 없는 것이라면 인간이 추구할 가치도, 진정한 자유도 없지 않을까?

'美'의 기준 '義'의 기준은 변화 일뿐?

2010. 9

생명의 강은 죽어가고 배추값은 오르고 여러 가지로 답답함 뿐이다

배추값이 천정부지로 오르고 덩달아 채소류 값도 올라 김치는 금치가 되고 삼겹살로 상추를 싸먹는다는 농담 아닌 진담이 오간다.

분명히 4대강사업으로 농경지가 줄었기에 채소류 가격이 오르는 것, 물론 인간이 어찌할 수 없는 날씨 탓도 있겠지만 이 마저도 자연의 순리를 거스리기 때문 아니겠는가?

흘러야할 강물을 막고 순리를 막아 누르면 살아있는 생물은 저항하게 되고 저항의 힘은 재앙이 되어 우리의 생명을 죽이게 된다. 생명을 살리며 자유롭게 하는 그 희망이 차단되고 벽에 갇혀 숨 막히는 절망이 슬프고 두렵다.

대한민국의 한반도에서 강을 거스르고 자연을 거스르고 국민을 거스르는 대역죄가 자행되고 있다. 어떻게 해야 할까 이대로 두면 결국 우리 모두가 죽고 죽음의 세상이 오는 것 아니겠는가.

더 늦기 전에 지금이라도 자연을 존중해야 한다.

강을 살려 흐르게 하고 4대강 주변 경작지를 회복해 채소를 경작토록 해야 한다.

영산강사업 현장인 승천보 주변 농민들의 걱정하는 모습을 잊을 수가 없다.

"우리는 밤에 잠을 들 수가 없습니다. 저 보 높이가 우리 사는 데 보다 높아 언제 둑이 터지거나 가둔 물이 올라와 우리를 삼킬지 모르기 때문입니다."

"여러 의원님들, 공사가 저리 많이 진행되었는디, 왜 인자사 왔소. 시작할 때

못하게 했어야제. 지금이라도 스톱할 수만 있다면 얼마나 좋것소만 우리는 한숨만 나오요. 막을 수 없다면 공사라도 잘 해서 뭔일 안나게 해주고 쌀값 좀 올려주고 비료값 좀 내려주시오."

대통령은 왜 국민을 두려움에 떨게하고 이 깊은 시름을 듣지 못하는 것일까. 참으로 국민들께 죄송하기만 하고 대한민국의 미래가 걱정스러워 가슴이 답답하기만 하다.

2010. 10

정치인과 도덕성

최근 정치를 소재로 하는 드라마 '대물'이 높은 시청률을 얻고 있다. 요즘 만나는 많은 사람들이 묻는 질문중에 가장 많이 받는 질문이 '대물'에 나오는 정치인들의 모습이 사실이냐는 것이다. 과장된 부분이 많이 있지만 일정부분 공감한다고 말하곤한다.

이 드라마의 시청률은 정치권의 부도덕한 행태를 드러내고 기대치로 설정된 정치인에 대한 시청자들의 불신과 불만을 대리만족으로 작용한 것이다.

정치인에 대한 국민의 신뢰도는 갈수록 낮아지고 있다. 드라마일 뿐인데 정치권에서도 민감하게 반응하여 불만들이 높고 정치적 입김이 실제 작용하는 듯 관련 피디와 작가 교체설이 의제되고 출연진들의 불만도 뉴스에 오르내린다.

우리사회의 심각한 문제 중 하나가 '불신(不信)'이다. 특히 정치인에 대한 불신은 사회전반에 경색, 갈등관계로 나타나 서로를 견제하고 급기야 적대적관계만 남아 함께 살아가는 기쁨도 희망도 없는 시대이다. 우울함, 무력함, 불만, 분노만 있는 자살율 세계1위 대한민국이라는 불행한 시대를 살고 있는 것이다.

이렇듯 정치의 불신이냐 신뢰냐는 정치인의 도덕성에 작용하고 정치인의 도덕성은 전체사회에 미치는 영향이 매우 크다.

그러나 정치인의 도덕성을 확보하고 신뢰를 회복하기위한 칼자루는 정치인 스스로가 가지고 있지 않고 국민이 가지고 있다. 더러운 것이 스스로 깨끗하기는 어려울 수밖에 없다.

깨끗한 정치, 믿을만한 정치문화를 만드는 책임이 국민에게 있는 것이다. 결국 국민이 선택한 사람들이기 때문이다.

비난하면서도 결국 표를 주는 이중성으로는 정치를 바꿀 수 없다. 전혀 책임 없는 것처럼 침 뱉고 손가락질만 할 것이 아니라 거짓과 불의를 향해 손에 쥔 칼자루를 단호하게 내리쳐야한다. 힘들고 성가시더라도 적극적으로 개입하고 수고하고 행동하는 국민의 힘으로만 신뢰정치를 이룰 수 있을 것이다.

그 진정한 힘, 거대한 힘으로 깨끗한 정치, 신뢰사회, 행복한 세상을 만들어가야 한다.

2010. 11

사악하고 잔인한 폭거

2011년 예산안의 날치기를 끝낸 한나라당 김무성 원내대표가 "정의로운 일을 했다."고 말했다.

감히 정의를 말하다니. 오늘 그들의 모습은 인간이 아니었다. 권력의 배를 채우려는 약육강식의 사악하고 잔인한 동물 집단이었다. '거대여당'이 할 짓이 아니었다. 소수야당을 무시한 것을 넘어 짓밟는, 아니 국민을 향해 다수당의 힘으로 의회폭거를 저지른 반민주 야만의 역사였다.

국민은 똑똑히 보았다. 그리고 그 폭거아래 고통스러워하며 분노했다. 국민은 분명히 심판할 것이다.

'국민이 주인인 민주국가', '약자와 소수를 존중하는 민주주의' 이것이 정의이다.

4대강사업에 목숨 건 MB. "정기국회 내 예산안을 통과시켜라."

입법부 수장으로 중립성을 포기한 박희태 국회의장의 "질서유지권 발동", "예산과 법안 직권상정"

그리고 청와대 거수기 김무성 원내대표의 "다 나와", "밀어 내"

MB의 충복 세 사람의 담합 독재무대는 막을 내렸다. 한나라당은 내년 예산 309조 567억과 친수구역 활용에 관한 특별법, UAE파병안, 서울대 설립 운영법률안 등의 법안을 단독 날치기 처리하였다.

이제 관람객의 심판 무대가 올랐다.

2010. 12. 8

'장애인등급'은 필요한 것인가?

'장애인'이란 분류는 대한민국 헌법 제2장 국민의 권리와 의무에 속하는 34조 ⑤항에 등장한다. '신체장애자 및 질병·노령 기타의 사유로 생활능력이 없는 국민은 법률이 정하는 바에 의하여 국가의 보호를 받는다.'라고 장애인이 국가의 보호를 받아야함을 명시하고 있다.

그리고 장애인복지법에서는 제2조 ①항에 "장애인"이란 신체적·정신적 장애로 오랫동안 일상생활이나 사회생활에서 상당한 제약을 받는 자를 말한다.'고 정의되어있고 시행령으로 15개의 장애유형(지체장애인, 뇌병변장애인, 시각장애인, 청각장애인, 언어장애인, 지적장애인, 자폐성장애인, 정신장애인, 신장장애인, 심장장애인, 호흡기장애인, 간장애인, 안면장애인, 장루장애인 및 요류장애인, 간질장애인)으로 구분되어있다. 그리고 시행령을 통해 장애인을 등록하게 하고 각 유형별 1급~6급으로 등급을 나누고 있다.

이처럼 '장애인'이란 지칭과 유형, 등급을 법으로 규정한 이유는 무엇 때문일까? 스스로의 판단과 결정은 전혀 상관없이 일방적으로 국가가 규정해 버리는 반민주적 반인권적 행태는 왜 지속되고 있을까? 비장애인과 구분하기위해서? 직함도 아니고 명예도 아닌데 국가가 차별화된 지원을 하기위해서? 오히려 선택폭을 제한하고 지원을 최소화 하기위한 조건으로 적용되고 있다.

우리나라에 약 500만 명의 장애인이 있는데 이 500만의 장애상태는 각자가 신체적 정신적 조건이 다르기 때문에 똑같은 상태는 거의 없고 개별로 다 다르다. 그런데 어떻게 법으로 규정해서 획일적으로 장애상태를 구분할 수 있다는 것인가?

장애인활동보조서비스의 경우 1급으로 제한해서 서비스를 하고 있다. 1, 2급 뿐만 아니라 5, 6급이라도 활동보조서비스를 받아야 될 사람이 있고 1급이라도 필요치 않는 사람이 있는 것인데 급수로만 제한을 하는 것은 오히려 반인권적복지이다. 장애인 모두는 활동할 권리가 있는 것이다. 모든 장애인을 대상으로 하고 서비스를 당사자가 선택하도록 해야 하는데 국가가 오히려 서비스를 최소화 하기위해 등급을 매긴 것이다.

결과적으로 장애인등급은 서비스의 형평성에 역행하여 차별을 낳고 국가시책은 신뢰할 수 없는 것이 되어 합당한 서비스 보다 부당한 서비스만 있는 불신복지사회를 만든다.

제1장 총칙

제1조(목적) 이 법은 장애인의 인간다운 삶과 권리보장을 위한 국가와 지방자치단체 등의 책임을 명백히 하고, 장애발생 예방과 장애인의 의료 · 교육 · 직업재활 · 생활환경개선 등에 관한 사업을 정하여 장애인복지대책을 종합적으로 추진하며, 장애인의 자립생활 · 보호 및 수당 지급 등에 관하여 필요한 사항을 정하여 장애인의 생활안정에 기여하는 등 장애인의 복지와 사회활동 참여증진을 통하여 사회통합에 이바지함을 목적으로 한다.

제2조(장애인의 정의 등) ① "장애인"이란 신체적 · 정신적 장애로 오랫동안 일상생활이나 사회생활에서 상당한 제약을 받는 자를 말한다.

② 이 법을 적용받는 장애인은 제1항에 따른 장애인 중 다음 각 호의 어느 하나에 해당하는 장애가 있는 자로서 대통령령으로 정하는 장애의 종류 및 기준에 해당하는 자를 말한다.

1. "신체적 장애"란 주요 외부 신체 기능의 장애, 내부기관의 장애 등을 말한다.
2. "정신적 장애"란 발달장애 또는 정신 질환으로 발생하는 장애를 말한다.

2부

국정감사일기

국감 첫날!

'발로 뛰는 현장국감, 국민과 함께하는 열린 국감, 대안이 있는 정책국감. 생계권 · 건강권을 지키는 인권국감으로 민생 책임진다!'

생전 처음 접하는 국정감사, 오랫동안 보좌진이 준비한 자료들…

어떻게 하면 대박 날까? 무엇으로 언론 입맛 맞출 수 있을까?

뜨는 현안 관련 극비, 희귀정보, 찾아야해!

아니야, 그렇게 해서 내가 뜨는 게 뭐 그리 대수란 말인가.

국회의원의 임기 소중한 4년, 아니 국정감사의 소중한 질의시간 10분.

생계권, 건강권이 절실한 힘겨운 사람들, 연약한 사람들.

그 사랑하는 서민, 국민이 조금이라도 나아질 수 있도록 그 분들의 입장에 서서 생각하고 마음먹고 굳게 다져, 그 뜻을 살려 이뤄야한다.

'당신들 편에 서서, 철저히 온 맘으로 최선을 다하리다.'

밤 새운 되뇌임들, 다시다져 손을 굳게 쥐고, 자유롭고 기쁜 마음으로 국감장으로 향했다.

그래도 초선의원, 가슴이 쿵덕거렸다.

긴 시간 기다려 받은 마이크, 10분의 시간, 준비된 질의문 7개.

말이 빨라지고 핵심 하나 건너뛰고 말았다. 교섭단체가 아닌 소수정당 이라서 추가질의도 삭제된다. 그래도 할말은 했다.

"이명박정부 '능동적복지' 예산확보로 책임있는 복지국가 신뢰를 보여라. 병원 환자식자재 안전성 보장하라. 건강보험 보장성 강화하라."

나머지는 보도자료를 통해 공개질의와 정책제안으로 정부와 국민께 전달했다.

"장기요양보험제도 요양인력의 질 향상으로 서비스 질 확보하라. 장애인정책 발전 5개년계획 우선과제 예산확보방안 제시하라. 기초생활보장제도 제대로 된 사회안전망으로 운용하라. 장애인활동보조서비스 확대 강화하라."

그 와중에 '서서 일하는 서비스 여성노동자에게 의자를' 캠페인에 참여하여 전단지를 나누고 시민참여를 호소하였고, 전국의 여성장애인들이 모인 '7회 여성장애인대회'장에 들러 축사를 하였다.

"여성장애인 건강 up, 희망 up을 위해 열심히 뛰고 있습니다. 계속 함께 뜁시다."

함께 있는 소중함, 힘을 확인하였다.

점심시간을 놓쳐 차내에서 김밥을 입에 넣었지만 목에 넘어가지 않았다. 쫓기는 시간과 긴장감으로 지치고 힘겨워서였다.

내 질의를 마치고는 살짝 국감장 옆방으로 빠져나와 생방송 인터뷰로 국감메시지를 전달하기도 하였다.

곽의원 국감 첫시간 점수A. 수고한 점수 플러스 하여 A+ ^^

"내일은 여러분의 소리를 더욱 구체적으로 전달하겠습니다. 여성노동자, 여성장애인, 환자, 어르신, 울고있는 서민 여러분 사랑합니다. 여러분을 품고 잠을 청합니다. 내일이 있어 웃음지으면서 말입니다."

2008. 10. 6

국감 2일째!

역시 평일보다 일찍 나섰다. 책상위에 보도자료와 질의서가 놓여 있었다. 어젯밤에도 정리된 질의 원고를 검토하느라 누웠다 일어났다를 반복했다.

장애인활동보조서비스, 가족지원, 신장장애인투석기, 시설소규모와 운영자 중심이 아닌 생활인중심 지원체계, 장애인 정책, 5개년계획 점검, 정책조정위원회 역할… 입원보증인, 아동발달지원계좌, 기초노령연금 등 힘든 사람들을 대변해야하는 수 많은 사안들. 질의순위를 바꾸기를 여러 번, 겨우 정리하고 새벽에야 잠자리에 들었다.

밤새 재정리한 내용으로 보좌진과 함께 책상의 질의서를 다시 수정배열하여 역시 국감장인 보건복지가족부청사로 향하였다. 어제 첫날의 북적대던 카메라 취재진은 한산함으로 바뀌어 있었다. 오늘은 국감장 밖의 스케줄이 없었기에, 그리고 하루의 노하우가 있기에 조금은 여유와 차분함으로 자리에 앉았다.

오늘 질의순서는 13번째였다. 10시에 시작, 한 사람에게 할당된 시간이 10분씩이기에 130분 후인 12시 10분. 추가시간들이 있기에 내 순번이 오전 일 수도 있지만 오후로 넘어갈 확률이 높다는 계산을 하였다.

보건복지가족부 장차관과 실무자는 물론 참고인 4명도 국감에 참여하고 있었다.

24명의 국회의원들, 초선에서부터 4선의원까지 모두들 준비한 보따리들을 풀어냈고 정부를 향한 질타와 대안들이 쏟아지고 간혹 웃음도 나왔다.

옆의 의원님이 긴장이 된다하기에 나도 그렇다고 했더니, 아 그러느냐고 전혀 그래보이지 않는다며 위안됨을 숨기지 않기도 했다.

내 질의순서가 되었을 때 조금은 긴장되었지만 마이크를 당기고 차분히 말문을 열었다. 입원보증인을 세우고 보증인의 신용정보 조회에 동의하라는 불법행위에 복지부의 대책을 촉구하고, 오늘 맘먹은 장애인정책질의를 시작하였다. 장애인활동보조서비스 부족한 시간을 확대하는 문제로 장애계와 복지부가 싸우고 있으니 정책의 접근부터 잘못이라며 질타했다.

"중증장애인활동을 보조하여 365일 하루 24시간 할 수 있다는 전제 아래 필요 할 때, 필요한 시간만큼 본인이 선택해서 지원받도록 해야한다. 중증장애인 존중, 자기선택권, 자기결정권을 가치로 여기는 제도를 시간을 제한한 채로 돈의 한계를 말하는 것은 이 기본 정신에 어긋나는 것이다. 먼저 시간제한을 완전히 풀어라. 그리고 예산의 한계를 단계적으로 극복하자. 그것이 인권중심정책이다. 사고의 전환이 필요하다." 그래야한다고 강력요구했다.

전재희 장관은 이상일 뿐 현실적이지 않다는 답변이었다. 현실이 옳지 않다면 현실에 안주하지 말고 보건복지가족부는 과감히 고치고 이상을 지향해야 할 것인데 현실 타령만 하고 있었다.

주어진 10분은 준비된 7개의 질의 중 두 번째 질의로 끝나고 말았다.

역시 오늘도 먼저 내보낸 보도자료를 통해 복지부와 국민들께 알려 드렸다.

"건강보험재정운영위원회 위원선정과정 투명하게 공개하고 문제가 되는 운영위원을 교체하라. 기초노령연금 제도개선 시급하다. 농어민과 빈곤층을 위한 특례 마련하라. 농어촌지역의 신장장애인을 위한 혈액투석기를 비치하라. 장애인

가족 지원체계 마련하라. 아동발달지원계좌사업 실효성확보를 위해 국가책임 강화하라."

이어 이봉화 차관에 대한 쌀소득보전직불금 불법 수령신청에 대한 질의와 질책들이 쏟아지고 자진 사태론이 나왔다. 이차관의 발언에 대한 사실확인이 필요한 사항으로 증인채택을 요구하였다. 감사질의를 정회하고 증인채택을 위한 회의를 열었지만 이차관 관련 증인채택은 여당의 반대로 이루어지지 않았고 민주당은 퇴장하였다.

순간 민주노동당 의원으로 난 어떻게 해야할까 판단을 해야했다. 고위공직자가 불법 비도덕성 의혹이 제기되었으면 응당 국민은 의혹제기에 사실 알기를 원한다. 국회의원은 당연히 그리고 책임있게 그 국민의 뜻을 알고 진실을 알려야 한다. 증인채택은 그것의 기초이다. 그런데 여당은 그것을 덮고 피해가려 책임을 거부한 것이다. 그들은 진실을 선택하는 것이 두려운것인가?

민주노동당 강기갑의원의 국정감사보도자료에 의하면 쌀직불금은 서울강남구의 땅 주인 중 56% 이상이 부당수령했다고 한다. 강남의 부자들은 서민 농민의 피 같은 보전금 마저 가로채는 것이다. 이런 상황에 불법의혹이 제기된 이차관문제를 덮고가는 여당인 한나라당은 정부를 견제하는 국회의 임무를 유기하는 것이다.

묵인한 채 회의를 진행할 수 없다고 판단되어 불참을 선언하고 퇴장하였다.

2008. 10. 7

국감 3일째!

식품의약품안전청에 대한 감사였다.

보도자료를 내고 5개의 질의문을 준비하여 국회상임위회의장으로 향하였다. 식약청의 장소가 마땅치않아 국회에서 진행되었다. 멜라민 파동으로 온 나라가 식품에 대해 불안해 하고 있는 터라 식약청의 감사에 언론과 국민의 시선이 집중되어 있다.

도대체 우리국민은 식품안전에 대해 언제쯤 정부를 믿고 관련기관을 신뢰할 수 있을까?

식품안전에 대한 관리가 농림수산식품부와 식품의약품안전청으로 나뉘어져 있어 통합관리가 필요하다고 동의하면서 서로 소관부처가 되어야한다며 어이없는 줄다리기를 하고 있는 실정이어서 국민은 피해만 보고 있다.

결국 이명박 정부는 식품안전관리 기능 총괄기구로 국무총리를 위원장으로 하는 '식품안전정책위원회'를 실지운영한다고 하였고, 식품안전사고가 발생하면 신속한 대처를 위해 복지부·농식품부·식약청 등 관계기관이 참여하는 범정부차원의 '식품안전사고긴급대응단'을 구성하겠다고 지난 7월 발표하였지만 이번 멜라민사태에 식품안전정책위원회는 사태 발표 20일이 지나서야 형식적 일회성회의를 진행하고 긴급대응단 구성은 아예 구성하지 않았다. 복지부는 식약청만을 내세워 대처에 사과하는 것으로 책임을 모면하려 했다.

식품안전사고가 날 때마다 이런저런 대책이 나오곤 하지만 면피용 뿐이고 실행이 없으니 참으로 안타까운 일이다. 광우병쇠고기 수입개방 시에도 국민의 건강보다 미국의 눈치를 먼저 보던 이명박정부는 멜라민사태에서도 국민의 건강보다 중국의 눈치를 보는 건가.

중국과는 이미 식품안전에 대한협정에서 식품안전문제가 발생하면 수입국이 수입을 잠정중지할 수 있으며 수입국이 직접 수출국의 식품을 조사할 수 있도록 되어있지만 우리정부는 자국 내에서만 검사하느라 시간만 보내고 말았다.

복지부장관, 국무총리, 대통령을 비롯한 정부의 책임성을 질책하고 강화할 것을 요구했다. 식의약품안전을 위해 부정불량식품 신고를 활성화하기 위해 이름만 있는 식품안전소비자신고센터 1399를 통합콜센터로 운영하고 식품포장지에 표기하도록 제안하였고 의약품부작용신고를 독려하고 원활한 신고를 위해 지역약물감시센터를 확대할 것을 요청하였다.

2008. 10. 9

국감 4일째!

“이봉화 차관을 즉각 해임하라! 그것만이 분노한 국민을 향한 최소한의 예의이다.” 국회 정론관에서 열리는 기자회견으로 오늘 일정을 시작하였다.

민주당과 민주노동당 보건복지가족위원회와 농림수산식품위원회가 함께하는 기자회견으로 우리당에서는 강기갑대표와 보건복지가족위원회위원인 내가 참여하였다.

이명박 정권의 S(서울시)라인 고위공직자인 보건복지가족부 이봉화 차관의 ‘쌀소득보전직불금’ 불법 청구사건 관련 이명박 대통령에게 이봉화 차관 해임을 촉구하고 고위공직자비리를 감싸는 한나라당 의원들의 어리석음을 규탄하였다.

‘백문이 불여일견이라’ 국감시찰.

기자회견을 끝내고 오늘은 국회보건복지가족위원회의 피감기관인 국립의료원과 국립시술병원을 시찰하는 일징인지라 국립의료원으로 향했다. 시찰은 그냥 현장을 둘러보는 것이기에 국립의료원 인터넷 사이트를 통해 기본 상황을 열람하고 부담없이 준비했다.

국립의료원 역시 처음 가보는 곳이다. 올해 개원 50주년이라는데 건물이 낙후되어있었고 국감장소도 협소하였다. 그러나 국회상임위회의장을 옮겨 놓은 듯 개별 스텐드마이크까지 설치되어 있었다. 원장으로부터 직원소개와 업무현황을 보고 받았다. 나는 질의준비 없이 왔거늘 어떤 의원들은 질의문 준비를 해와 구체적인 질문을 하기도 하였다. 국감기간 중의 시찰은 피감기관의 증인으로서 답변이 아니므로 법적 책임감이 없고 위원회도 현황파악을 위한 자리인 것으로 알고 있었기에 별도의 질의서를 준비하지 않은 것이다. 업무보고를 받고서야 내용에 관련하여 질의와 요청을 하였다.

국립의료원의 특성은 공공성 강화일 것이다. 그런데 공공성 강화사업이 숫자로 몇 개 나열되어있는 것이 다였다. 최소한 돈 없어 치료받지 못한 채 죽어가는 이들이 없도록 해야 할 것이며 지내온 실정에 비추어 얼마의 요구가 있고 어떻게 해야 하며 필요예산이 얼마나 되는데 지금의 한계는 무엇인지가 준비되어 있지 않았다.

12억, 13억 짜리의 의료장비들이 들어와 있었지만 급여 수준이 타병원에 비해 낮아서 전문인력확보의 어려움이 있다고 한다. 특수법인화를 추진하고 있다고 하는데 효율성은 있지만 공공성이 약화될 수 있을 것이라는 질문에 그럴 수 있다는 원장의 답변이 있었다. 국립의료원은 공공성을 위해 선도적 역할을 보다 힘있게 해야 할 것이다. 어쩌면 서민들의 마지막 보루일 수 있는 곳이기 때문이다.

기본 시찰을 마치고 배고픈 탓에 점심을 맛있게 먹고 의료원에서 위탁운영하는 스칸디나비아클럽에서 커피 한 잔, 잔디밭 휴게터에서 잠깐의 쉼으로 피곤을 풀었다. 스칸디나비아클럽은 국립의료원을 설립할 때 지원한 해외단체의 이름을 딴 찻집이었다.

이어 국립서울병원으로 이동하여 역시 간단한 업무보고를 받고 시설물들을 둘러보았다. 국립의료원과 다를 바 없이 국립정신병원인 서울병원 또한 건물을 수리하고 있었지만 내 집처럼 애지중지 가꾸지 않는 듯 실내벽의 페인트도 색이 바래 험하고 썰렁하기만 했다. 국가의 재산은 왜 내 재산처럼 관리되지 않은 것일까.

인권유린이 일어나지 않도록 모든 정신병원의 모델이 될 수 있도록 교육과 대처에 대해 구체적으로 매뉴얼화 하고 역시 그 분야에 선도적 역할을 해 달라고 요청했다.

열악한 여건에 있는 것을 감안하여 질문을 줄이고 병동들을 둘러본 후 빠르게 일정을 마쳤다.

예정보다 빨리 끝났고, 맑은공기가 있는 자연을 느끼고 싶어 돌아오는 길에 '서울숲'에 들렀다. 멋진 홍보담당, 부지런한 수행담당 보좌진과 함께 생태숲을 거닐고 사진도 한 컷 찍었다. 여기저기 풀잎, 나뭇잎 억새풀들이 파스텔톤으로 물들어 가을 분위기가 완연했다. 고픈 배를 가을 자연으로 채웠다. 벌써 국정감사 한 주간이 다한 금요일의 해는 넘어가고 있었다.

2008. 10. 10

국감 5일째!

국회보건복지가족위원회 국정감사 5일째, 국민연금공단에 대한 감사였다. 감사 시작 30분전에 국민연금공단에 도착하여 민주노총 전국공공서비스노동조합 사회연대연금지부 조합원들의 집회장에 들러 신뢰받는 의정활동 하겠다며 인사를 하였다.

노조는 "사회적 합의 없는 일방적인 사회보험 징수통합을 즉각 중단하라. 연기금 운용의 민영화(가입자 대표 성배제) 및 기금투기전문회사 설립을 중단하라. 기초노령연금을 기초연금으로 전환하고 국민연금과의 통합운영을 적극 추진하라."며 국회와 정부를 향해 외치고 있었다.

국감이 시작되고 준비된 질의를 통해 질책과 대안제시를 하였다. 국민연금공단은 229조의 기금을 관리하며 5천여명의 인력이 투입되어 있는 거대기구이다. 기초생활보장수급자의 국민연금 수급권 보호대책이 필요하다.

하반기 주식투자액 집행을 보류해야한다. 8월까지 국민연금기금 손실액이 8조5천억원인데 하반기에도 21조원을 투자한다면 손실의 크기는 불보듯 환하다. 국민연금 기금은 수익성보다는 안전성에 우선해야 한다. 하반기 주식추가투자 집행을 보류해야 한다.

대체투자확대 역시 고위험이 수반되므로 신중해야 한다.

국민연금기금의 실제 복지부문 지출은 0.1%에 불가하다. 신규조성 여유자금의 1%범위내에서 투자할 수 있도록 법에 되어있는 바 가입자와 연금수급자의 복지증진을 위한 지출을 확대해야 한다.

기초연금에 대한 사회적 합의를 이룰 때 까지 우선적으로 국민연금과 기초노령연금의 관리주체를 국민연금공단으로 일원화하여 기초연금으로 전환해가는 여건을 마련해야 한다.

공단의 거대조직에 대한 관리능력에 우려가 컸다.

박해춘 이사장은 금융전문가이다보니 사회복지마인드가 결여되어 있고, 5천여명의 조직을 관리하고 책임질 수장으로 조정 통솔력이 부족하다고 판단되었다. 국민연금 기금은 수익성만 가지고 관리되는 것이 아니기 때문에 수익성과 함께 공공성과 안전성을 확보하고 기금에 대한 국민의 신뢰를 이끌어 갈 능력이 요구되는 것이다.

인사는 만사이다. 국민이 신뢰할 인물, 자리에 합당한 사람을 세우는 능력이 이명박대통령에게 요구된다.

박해춘 이사장에게 수장으로서 역량이 부족하다고 판단되는데 어떨 생각이냐고 물었더니 박해춘 이사장은 "다음 국감인 내년에는 오늘처럼 띠릿띠릿 대답않겠습니다."고 하였다. 본인 생각에도 본인이 띠릿띠릿 하다고 생각됐나보다. 하하하 정말 웃겼다.

아니나 다를까 텔레비전 '말 말 말'에 등장하였다.

2008. 10. 13

국감 6일째!

오늘 국감의 피감기관은 질병관리본부였다.

질병관리본부는 국민의 건강을 질병으로부터 보호하고 예방 관리하는 중요한 기관이다. 국감은 국회 보건복지가족부 상임위원회의장에서 이루어졌다.

A형 간염 발병률이 급속도로 증가하고 있는데 대책없음을 지적하고 A형 간염을 필수예방접종으로 분류해 국가적 대책을 세우는 것과 더불어 예방을 위한 생활습관에 대한 대국민 홍보를 강화해야한다고 제안했다.

그리고 최근 사회문제로 야기되고 있는 자살의 요인인 우울증에 대한 국가적 관심과 책임을 요구했다. 우울증에 대한 대책이 필요한데 우울증을 고혈압, 비만과 같은 만성질환으로 규정하고 있는 실정이다. 이에 대한 잘못된 사회적 편견을 바로잡기위한 노력과 더불어 우울증을 예방할 수 있는 사회적 분위기를 만드는 것이 중요하다. 그러므로 건강보험공단이 매년 실시하는 건강검진항목에 우울증 관련 항목을 추가하고 우울증 질환자에 대한 세심한 관리와 대책을 세워, 보고 할 것을 요구했다.

오후 국감도중에 민주당 의원들과 함께 현장시찰조사를 실시했다. 서초구청의 이봉화 차관 쌀소득보전직불금 신청에 대한 처리과정을 조사하여 행정의 허술함과 공직자의 도덕불감증, 무책임한 태도를 확인하고 질책했다.

"농민에게 지원해야 할 쌀소득보전직불금을 가로채려한 이봉화 차관은 어떻게 그 자리를 지키려 하는가. 불법과 부도덕한 행태를 자행한 고위공직자 이봉화차관을 해임해야 한다. 그래서 교섭단체인 한나라당과 민주당은 협상을 통해 보건복지가족위원회상임위를 개회하고 증인채택과 해임건의안을 채택해야한다"라고 요구했지만 한나라당은 제 식구 감싸기에 급급해 거부하고 말았다. 결국 질병관리본부국감도 파행으로 끝나고 말았다.

국민들께 죄송하고 부끄럽다.

국민이 지켜보고 있거늘 한나라당 의원은 부끄럽지 않은가?

2008. 10. 14

국감 7, 8일째!

보건복지가족위원회의 국정감사 7, 8일째인 10월 16일과 17일은 피감기관을 찾아가는 현장시찰이었다. 지난번 국립의료원과 국립서울병원에 이어 두 번째 지방시찰이다. 24명의 위원이 2개반으로 나뉘어 1반은 서울지역의 제약회사와 노인요양병원 등, 2반은 부산지역으로 국립부곡병원, 국립마산병원, 부산지방식품의약품안전청, 국립부산검역소, 부산대학교 어린이병원이었다. 나는 2반을 선택하여 일박이일의 지방시찰을 떠났다. 피곤하겠지만 가을여행이라 여기며 즐겁게 참여하리라 다지면서 부산쪽으로 떠났다.

지방피감기관을 시찰하는 목적은 국민 복지향상에 기여하고 있는지 어려운 문제가 무엇인지 그 문제해결방안은 무엇인지 함께 힘을 모아 해결하기 위함이다.

경남 창녕 부곡면에 위치한 국립부곡병원과 마산시에 위치한 국립마산병원은 각각 정신과치료와 결핵치료 전문병원으로 국민건강에 기여를 하고 있지만 국립병원의 당위성인 공공성강화와 정신건강과 결핵예방과 치료에 대한 선도적 역할에 미진함이 있었다.

우수전문인력확보의 어려움과 연구·교육부문 등 국립병원역할 재정립이 요구되었다.

다음날 부산지방식품의약품안전청, 질병관리본부국립부산검역소, 양산 부산대학교병원 어린이병원을 서둘러 시찰해야했다. 부산식약청은 중앙청과 큰 차이가 없었고, 검역소는 세관에서 대여한 배에 직접 승선하여 검역과정을 보고받았다. 검사실 구축이 현안으로 요청되었지만 예산의 어려움을 서로 공감하는 정도였다.

어린이병원은 한참 개원준비를 마무리하고 있었다.

저출산으로 인해 기존 어린이 병원의 적자운영에도 불구하고 미래세대를 위한 국가적 역할을 해야한다는 책임감과 잘 할 수 있을 것이라는 긍정적이고 구체적전략과 창조적 마인드를 가진 병원법인 대표자의 열정을 보았다.

아이들의 건강을 책임지는 국가, 빈곤한 환자 치료를 책임지는 국가, 건강한 대한민국을 희망하며 서울행 열차에 몸을 실었다.

2008. 10. 16, 17

국감 9일째!

보건복지가족위원회 국감 9일째, 오늘의 피감기관은 국민건강보험공단이었다. 보험공단의 설립목적은 '국민보건 향상과 사회보장 증진으로 국민의 삶의 질 향상'이다. 1999년 국민건강보험법이 제정되고 보험공단이 출범하게 되었고 지난해 노인장기요양보험법이 제정되어 노인요양급여를 실시하고 있다.

국민건강보험법, 노인장기요양보험법 등 두 개의 법에 근거하여 보건복지부 산하기관으로 각종 의결기구들을 통해 11,370명의 인력과 31조원에(08년 예산 건강보험 29조 9천 675억원, 장기요양보험 8천311억원)달하는 예산을 집행관리하고 있다.

하지만 공단이 가진 큰 몸에 비해 '국민보건 향상과 사회보장 증진으로 국민의 삶의 질 향상'은 빈약하기만 하다.

많은 문제가 있지만 내가 점검하고 지적하여 대안을 제시 하기에는 시간의 한계가 있기 때문에 세 가지 사안으로 집약하여 준비하였다.

첫째, 소득이 없는 장애인이나 저소득 장애인에게는 이동이나 활동유지에 경제적부담과 어려움이 크기 때문에 배터리 등 장애인 보장구의 소모품비용과 유지보수에 드는 비용에 보험수가가 적용되어야하며 보장구사용 연한도 현실에 맞게 단축되어야 한다.

둘째, 국민건강예방을 위해 시행된 건강검진이 예방의 효과성이나 효율성이 낮다. 자발적 검진률 40% 미만, 고연령 저소득층의 수검률은 더욱 낮아 이 계층의 질병발생시 타격은 더할 것인데 집계는 물론 이에대한 대책마련이 없다.

또한 현재 보험시스템으로는 검진결과에 따른 유질환 판정자의 질병치료현황을 전혀 알 수 없다. 이 허술한 의료시스템의 대안으로 주치의 등록제를 제안한다. 그리고 건강보험재정흑자가 올해 1조500억 예상되는데 국민들에게 돌아갈 수 있도록 건강보험보장성을 획기적으로 강화하는 계기로 삼아야 할 것이다.

셋째, 건강보험상담센터를 설치 운영하는 전국 의료기관이 31개소로 매우 적어 확대설치해야 한다. 그리고 민간보험상담센터를 설치하고 암암리에 민간보험 판매행위가 이루어지고 있음을 묵인하지 말고 실태를 파악하고 규제방안을 마련해야 한다.

국감을 통해 국민건강에 조금이라도 영향이 있기를 기대하며 준비하였다. 그러나 국감은 본 질의를 시작도 못한 채 의사진행발언으로 시작되어 의사진행발언으로 끝나고 말았다.

감사기관인 국회보건복지가족위원회의 자료제출 요구를 피감기관의 정형근 이사장이 거부하였기 때문이다. 보험공단에서 국정원에 미리 제출했던 쌀직불금수령명단을 달라는 거였는데 개인정보 보호이유를 들어 불응했다. 그러나 개인정보 보호라는 명분을 내세워 부당하게 수령한 이봉화 차관을 비롯한 고위공직자들을 감싸 덮으려는 것이었다. 건강보험공단만이 가지고 있는 소득별, 공무원 유무명단으로 피감기관의 장은 월권을 한 것이다. 이에 교섭단체협의와 위원장의 중재로 위원열람만 하기로 하고 전산실로 내려갔다. 그런데 그곳에서 이사장은 번복하고 열람을 불허하였다. 자료를 제공해야 한다는 법적근거에도 불구하고 피감기관이 이에 응하지 않은 것이다. 이처럼 감사에 불성실함은 물론 자기 입맛에 맞는 편협적인 답변과 대응으로 국회를 무시하는 피감기관장의 행태로는 바른 국감을 할 수 없었고 국감의 의미는 이미 상실되었다.

국감 하루가 이 논란으로 끝나고 말았다. 알권리가 있는 국민들께 불법, 탈법 수령자를 공개해야하며 농민의 가슴을 후려쳐 피로 멍들게한 그들을 심판해야 할 것인데 여기에 책임있는 역할을 못한 국회의원의 한 사람으로, 보건복지가족위원의 위원으로 국민들께 죄송함을 금할 길 없다.

어느 때에야 깨끗한 정치, 깨끗한 공무집행으로 우리국민이 건강하고 행복할 수 있을까? 유달리 우울한 가을날이다.

2008. 10. 20

국감 10일째!

오늘의 피감기관은 건강보험심사평가원이었다.

국감 전 의원총회가 있어 오랜만에 동료의원들을 만났다. 민주노동당 다섯명의 의원은 다섯 개의 상임위에 각각 들어가 있어 한나라당, 민주당 등 수명이 그룹지어 다니는 것과 달리 늘 홀로 당 입장을 판단하고 대변해야 하는 외로움이 있다. 그래서인지 동료의원들을 만나기도 쉽지 않았다. 더구나 국감기간에는 더욱 그렇다.

그리움과 반가움도 잠시, 의논을 제대로 하지도 못한 채 의총 회의장을 나와야했다. 28일 화요일 국정감사 일주일 전까지 증인채택이 되어야만하기 때문에 마감 시일인 오늘 여성위원회 전체 회의가 소집되었고 성수가결을 위해 빠질 수가 없었기 때문이다.

그동안 세 교섭단체가 교섭을 이루어왔지만 합의를 이루지 못하고 오늘회의에서도 결국 다수당인 한나라당은 표결에 붙일 것을 요구하고 어청수 경찰청장 증인채택을 불허하며 방패막이노릇을 했다. 국민의 뜻과 책임을 다한 것이 아니라 소수를 존중치 않고 누르는 것은 다수당의 행포와 다를 바 아니다.

국정감사를 왜하는가? 입법부인 국회가 행정부인 정부를 견제하고 선진국정운영을 도모하고자 함이 아니었던가. 더구나 여성부를 감사하는 여성위원회의 역할은 여성인권확보와 성평등사회, 복지사회를 지향하는 기관으로 이를 저해하는 일을 가려내어 책임을 지게하고 바로 잡아야하는 중요한 임무인 것이다.

그런데 이 국감위원으로 임무를 제대로 행할 수 없게 된 여성위원회국정감사는 무력한 기구일 뿐이다. 이에 결국 민주당, 자유선진당과 함께 야 삼당은 기자회견을 통해 여성위원회의 국정감사를 하지 않겠다고 선언하는 것으로 끝나고 말았다.

보건복지위원회 국정감사는 건강보험심사평가원내에서 이루어졌다. 건강보험심사평가원은 보건의료계의 사법권을 가진 검찰과 같다고한다. 약가, 의료가, 보험수가 등 심사하여 적정가를 판정하는 곳이기에 돈을 조절하는 힘을 가진 곳이기 때문이다.

그 힘이 환자와 보험가입자인 국민편에 있어야 함은 두 말할 나위없다. 혹여라도 약사나 의사, 기업의 편에 있을 수 없음이다. 그렇듯 아프고 돈 없는 서민들 편에 있는, 누구보다도 환자의 권리를 앞세우는 심평원의 역할을 기대하며 국감에 임하였다.

역시 주어진 시간 10분, 그리고 추가 질의시간 5분.

심평원장 등원 일주일이라기에 마인드테스트질의를 하였는데 나중에 알고 보니 보건복지부 차관출신으로 관련분야 전문가로 정평이 나있다고 하였다.

약제비 적정화 방안으로 고지혈증약과 편두통 치료제 시범평가에 대한 제약업계의 반발이 있었고 거기에 대한 심평원의 정책적판단은 분명한가를 물었고 기등제약 시범평가가 늦추어지고 있는데 늦어질수록 손해보는 것은 건강보험의 재정이기에 이에 대한 대책을 요구했고 심평원장은 빠른 시일에 마칠 수 있도록 노력하겠다고 답변하였다.

또한 약제급여평가위원회의 구성에 문제가 있음을 지적하고 구성원의 제약사로비영향으로 국민이 의심을 갖지 않도록 국민이 부담하는 보험재정에 대한 고려를 담을 수 있는 위원회를 구성하여 조정하라고 요구하였다.

3년마다 시행하는 약가 재평가역시 실거래가를 반영하지 않은 A7규정을 없애고 우리와 경제수준이 비슷한 국가를 비교하고 대만, 싱가포르, 호주를 넣어 합리적 평가를 할 것을 요구하였다.

추가질의를 통해 응급의료 대불제도의 심사기준을 완화하고 병원과 환자가 함께 신청할 수 있도록 신청방법을 개선하고 국민들께 적극 홍보하여 힘겨운 환자와 서민들에게 혜택이 돌아갈 수 있도록해야 한다고 제안하였다.

오늘 국감은 목소리 높인 상황이 거의 없이 조용하고 차분하게 이루어졌다.

국감 도중 국회에서 여성위원회 기자회견, 당 쌀직불금수령 의혹 명단 공개요구 농성돌입 기자회견에 참여하였고 국감장에서 국감을 마친 후 다시 사무실로 돌아와 모레에 있을 국감관련 브리핑을 받고 저녁을 먹고나니 10시가 되었다. 늦었지만 주린배를 채울 수 있어 감사한 하루였다.

2008. 10. 21

국감 11일째!

오늘 피감기관은 대한적십자사와 보건산업진흥원이었다.

여느 때와 다름없이 두 기관에 대한 현황을 사전 파악하고 보도자료를 통해 진단과 개선책을 마련하였다.

대한적십자사 창업공신에 대한 보은인사 유종하총재가 그간의 이명박 정부가 일관했던 대북강경노선을 버리고 '전쟁이나 무력충돌 하에서도 적군과 아군을 구분하지 말라'는 적십자정신을 구현해 낼지 우려가 큰 상황에서 적십자사의 국감이 진행되었다.

대한적십자사는 국적, 종교, 인종, 계급, 정치적 견해를 구분하지 말고 봉사하라는 국제적십자운동의 정신을 바탕으로 일해야 할 것임을 확인하고 이산가족상봉이 무산되고 금강산 면회소를 신축이후 계속 휴업상태. 남북관계상황이 어려울수록 오히려 적십자사의 역할이 더욱 중요하기에 정부에 이끌리지 말고 보다 적극적으로 인도적 수행을 하라고 독려했다.

적자에 허덕이며 공공보건의료기관의 역할을 못하고 있는 적십자병원의 운영방안도 요구하였다.

현행 혈액관리법 제3조 2항 "누구든지 금전 재산상의 이익 기타 대가적 급부를 주거나 주기로 하고 타인의 혈액을 제공받거나 이를 약속해서는 아니된다"는 규정에도 불구하고 헌혈자에게 영화티켓 등 기념품이 헌혈확보수단으로 전락되었다. 잘못을 강하게 질책하였고 그런 일이 재발되지 않도록 개선을 요구했다.

순수한 헌혈의식이 요구된다. 등록헌혈회원 존중하며 관리강화와 인센티브제도 개선으로 헌혈에 대한 잘못된 인식을 개선해야 한다.

보건산업진흥원은 '정부산하기관에 대한 고객만족도 조사'와 '공기업, 준정부기관 경영실적평가'에서 하위를 기록한 피감기관으로 지난 국감에서 지적된 사항들을 개선하기 위해 집중개선과제를 도출하여 종합추진계획을 수립 실행하고 있다고 하였다. 그러나 여전히 연구과제들이 연구로만 끝나 실천과제로 연결하여 결실을 맺는 율이 낮아 그야말로 경영혁신이 요구되고 전반적으로 인사관리에 대한 대안과 노동생산성 향상을 위한 대책마련이 요구되었다.

2008. 10. 23

국감 12일째, 마지막 날!

긴장감과 기대감을 가지고 시작된 2008년 국정감사의 3주째 마지막 금요일, 밤12시까지 보건복지가족부 종합감사를 마쳤다.

3차 질의까지 했지만 주어진 시간 역시 부족하여 서면질의로 마무리해야 했다.

이래 뺏기고, 저래 못 받고 농민 두 번 울리는 쌀 직불금, 기초노령연금 수급에 불이익을 당하지 않도록 소득 산정에서 제외하고 농지는 일정규모 재산환산에서 제외하도록 제도를 개선해야하며 기초생활보장제도 역시 농민현실을 반영하여 모든 직불금을 소득산정에서 제외해야한다.

약가가 낮다는 이유로 4년 동안 공급되지 않고 있는 에이즈환자 필수의약품 치료제인 푸제온, 약을 구하지 못해 죽음으로 내몰리고 있는 비상상황에 강제실시를 발동하여 국민생명을 지켜야 한다.

장애인 활동 보조서비스 시간을 24시간으로 완전히 열어야 한다.

정신장애인에 대한 바른 인식을 위한 홍보예산을 확보하여 적극 시행해야 한다. 정신보건심의위원회와 정신보건 판정위원회를 독립기관으로 하고 일반 시민, 인권단체, 정신장애인 단체, 장애인 당사자들이 참여할 수 있도록 재구성하여 인권침해를 막아야 한다.

의료법 인력기준에 못 미치는 기관이 대부분인 현실, OECD국가 중 의료인력 꼴찌, 이를 벗어나야 한다. 이를 위해선 3차병원급 이상은 1등급 인력으로, 2차 병원급은 2등급 인력으로 맞추어야 한다. 노동시간이 줄어든 만큼 간호인력을 늘려야 한다. 의료노사정위원회를 통해 해결해야 한다.

의료기관평가 인증제 도입만으로는 안된다. 의료기관 평가관련 전담기구를 구성하고 평가 전담요원구성과 이에 따른 예산이 확보되어야 한다. 근본대책이 마련될 때까지 차라리 평가는 중단해야 한다.

초선의원으로 처음 해 본 국정감사, 질의를 통해 답답한 국민의 마음을 시원케 해야한다. 문제를 지적하는 데서 끝나는 것이 아니라 책임을 묻고 다시 반복되지 않도록 확실한 방지책을 마련해야 한다.

구체적으로 하나라도 개선되도록 확답을 받고 될 때까지 주시하고 독려한다. 이를 넘어 보다 창조적인 제안을 던져야 한다. 특별히 장애인, 빈곤층, 소외계층, 소수자, 서민, 노동자들의 입장에서 정책을 분석하고 대변해야 한다.

마음정리를 하고 다졌건만, 주어진 시간은 짧고 요구사항은 많아 마음의 여유를 잃기도 했지만 보건복지가족에 대한 전반적 정책과 업무를 설파했고 긍정적 변화를 기대할 수 있게 되었으며 의원으로서의 역할을 확인하고 다졌다. 그래서 다음 국감의 방향을 지금부터 세울 수 있게 되었음이 큰 성과이다.

날밤을 세워가며 준비한 보좌관들의 노고, 채찍과 좋은 제언으로 함께 한 국민 여러분도 감사하다. 우리 모두의 수고로 우리 모두가 조금씩 행복해 질 수 있음은 역시 감사며 기쁨이다.

2008. 10 .24

3부

국회 발언문

부모들이 원하는 것은 보육 전자바우처 도입이 아니라 무상보육실시입니다

영유아보육법 개정안에 대한 반대토론 하겠습니다.

본 개정안의 주요 내용 중 "보육서비스 이용권을 지급할 수 있다"는 조항은 보육정책 근간을 뒤흔드는 것으로 우려가 큽니다.

보육서비스 이용권 도입은 보호자에게 이른바 보육 전자바우처라고 불리는 신용카드를 발급하여 보육료를 카드로 결제하도록 하겠다는 것입니다.

보건복지가족부는 보육 전자바우처가 정착되면 부모는 정책에 대한 체감도가 제고되고, 시설 간 소통이 증진되며, 어린이집과 지방자치단체는 행정업무 부담이 대폭 경감될 전망이라고 주장하고 있습니다. 그러나 이와 같은 제도의 도입 기대효과에 대해 동의하기 어렵습니다.

구체적인 반대이유를 말씀드리겠습니다.

첫째, 정책 체감률이 높아진다고 볼 수 없습니다.

보육 전자바우처는 새로운 지원서비스를 도입하거나 지원을 강화하는 것이 아니라 기존에 지원하던 것을 형태만 변경하는 것입니다. 정부 지원에 대한 체감도를 높이는 것은 보육 비용의 실질적 경감을 통해서 발생하는 것이지 보호자가 내야 하는 보육료는 동일한데 지급하는 방식을 바꾼다고 해서 체감도가 제고되지 않습니다.

둘째, 행정업무 부담 경감의 효과만큼 오히려 위험성도 큽니다.

일선 지자체와 보육시설의 업무 경감은 일정 부분 인정이 됩니다만은 총량으

로 보았을 때 과연 행정편의가 증진되는지 의심스럽습니다.

보육 전자바우처를 실시하려면 바우처관리센터를 새로 설립해야 하며 전산화에 따른 관리운용 비용이 추가로 투입되어야 합니다. 국회예산정책처는 2009년 하반기에만 172억 원, 2010년부터는 최소 연간 344억 원이 소요될 것이므로 전자바우처 도입으로 인한 행정 비용 절감효과가 철저히 측정되어야 한다고 하였습니다. 또한 보육 전자바우처가 도입되면 국가·보육시설·수요자라는 현재의 3각 구도가 보육시설·수요자만의 2각 관계로 바뀌게 됩니다. 정부는 전자바우처 비용만 지급하면 여타의 책임성은 무게감이 덜어지게 되므로 행정업무 부담 경감이 정부 책임성 경감으로 이어질 가능성이 큽니다.

셋째, 보이지 않는 이익 구조가 조성됩니다.

언론에서는 보육 전자바우처 도입을 황금 알을 낳는 거위로 보고 카드업체 간 경쟁이 치열하다고 보도하고 있습니다. 항간에 떠도는 보육 전자바우처 도입의 최대 수혜자는 금융기관이라는 이야기가 사실이 되지 않기를 바라겠습니다.

넷째, 시범사업도 하기 전에 제도부터 마련하는 것은 순서가 뒤바뀐 것입니다.

보육 전자바우처 도입은 과거에도 추진하려다 강력한 반대에 부딪혀 사업 추진을 취소한 바 있습니다. 보건복지가족부는 내년 상반기에 시범사업을 실시하고 하반기에 도입 여부를 결정하겠다고 합니다. 이와 같은 상황에서 법안을 먼저 개정하려는 것은 이해하기 어렵습니다. 시범사업을 통해 문제점이 드러나 추진이 무산되면 법안을 다시 재개정하겠습니까? 시범사업을 통해 그 장단점에 대해 충분히 검증하고 종합평가한 뒤 제도를 도입해도 늦지 않다고 생각합니다.

마지막으로 보육의 최우선 과제는 보육의 공공성 강화 및 무상보육 실시입니다.

학부모들이 진정 원하는 것은 보육 전자바우처 도입이 아니라 무상보육 실시입니다. 2007년 말 국공립 보육시설은 전체 보육시설 대비 5.7%에 불과합니다. 보육의 공공성 확보를 위한 최소 시설 수인 30%에 여전히 크게 못 미치는 수준입니다.

보육 종사자의 처우 개선, 보육서비스 질 제고에 대한 요구도 큽니다.

무상보육 실시와 보육 공공성 강화에 대한 국민적 열망을 뒤로 한 채 무슨 이유로 사회적 합의조차 무시한 채 급히 제도를 도입하려 하는지 참으로 이해할 수 없는 일입니다.

잘못된 정책의 피해자는 국민입니다. 한번 도입된 제도는 돌이키기가 쉽지 않습니다.

존경하는 선배·동료 의원님들께서 신중하게 판단해 주시기를 부탁드립니다.

경청해 주셔서 감사합니다.

- 제18대국회 제278회 제14차 국회본회의(2008년 12월 2일), 반대토론

국회상임위 의결안이 정부부처의 입김으로 좌지우지 되어서는 안됩니다

민주노동당 보건복지가족위원회 위원으로 있는 곽정숙 의원입니다.

안홍준 의원님께서 대표발의하신 수정안에 반대 토론을 하고자 나왔습니다.

12월 7일자 한겨레신문 기사 제목 중에 '세계는 서민 지원, 한국은 부자 감세' 라는 내용이 있었습니다. 전 세계적으로 경제위기를 맞아 서민 지원책을 강화하고 있는데 유독 한국만 감세정책이라는 세계적 흐름과 역행하는 정책을 펴고 있다는 것입니다.

이는 결국 이 정부가 누구를 위해 존재하는가와 관련한 존재 근거의 문제입니다. 서민을 위한 정부라면 서민을 위한 정책을 펼 것이고, 부자를 위한 정부라면 부자를 위한 정책을 펼 것입니다. 고용 불안과 가계 파산이 줄줄이 이어지고 있는 이 시점에 부자를 위한 감세정책에 혈안이 되어 있는 이 정부는 누구를 위한 정부입니까? 이 정부가 부자를 위한 정부라는 것은 이제 삼척동자도 다 아는 사실입니다.

그렇다면 국민을 대표하는 국회는 어떠해야 합니까? 정부가 서민을 외면한 채 부자들의 호주머니 채워 주기에 급급하다면 국회라도 나서서 국민을 보호해야 하는 것 아니겠습니까? 그런데 지금의 사태는 어떻습니까? 경제부처가 국회를 무시하고 의회민주주의에 역행하는 사상 초유의 만행을 저지르고 있는데 국민의 대표인 국회의원들이 이를 방관하거나 이에 동조하는 어이없는 모습을 보이고 있습니다.

응급의료기금 확대 법률 개정안이 어느 상임위원회 소관입니까? 국무총리실입니까? 기획재정위원회입니까? 명확하게 보건복지가족위원회입니다. 그런데 보건복지가족위원회와 법사위에서 만장일치로 통과된 법안을 기획재정부가 반대한다고 해서 이를 본회의에 상정하지도 않더니 이제는 상임위를 거치지도 않은 수정안을 가져와 통과시켜 달라고 합니다.

도대체 국회가 뭐 하는 곳입니까? 국회의원은 뭣 하는 사람들입니까? 상임위원회는 왜 있습니까? 장관 마음대로 법안을 바꿀 것 같으면 국회의원을 왜 뽑습니까? 비싼 예산 들여가며 국회의원 선거는 왜 하는 것입니까? 소중한 시간 버려 가며 상임위원회 논의는 왜 하는 것입니까?

응급의료기금 확대하는 문제는 매우 중요한 문제입니다. 응급의료기관의 인력이 법정 인원에도 미치지 못하고 있고 시설 또한 열악하기 그지없습니다. 또한 전국적으로 응급의료기관이 없는 곳이 서른아홉 곳이나 됩니다.

응급의료기금을 확충하는 문제는 서민들에게 있어 대단히 중요한 문제입니다. 그런데 예산이 없어 못 하겠답니다. 응급의료시설이 부족해 국민들이 죽어가는데 정부는 돈 타령입니다. SOC 예산에는 14조 원씩 투자하겠다는 정부가 예산이 없어 응급 환자들을 외면하겠다고 합니다. 해외환자 유치에는 핏대를 세우는 정부가 정작 자국민에게는 예산을 핑계 댑니다. 보건복지위원회 위원들이 만장일치로 필요하다고 하는 법안을 못 하겠다고 버티고 있는 것 아닙니까?

3년이면 응급의료기관이 완벽하게 확충될 수 있겠습니까? 3년이면 응급의료시설과 인력이 완벽하게 갖추어질 수 있다고 생각하십니까? 도대체 수정안에서 말하는 3년의 근거가 무엇입니까?

국민의 대표인 국회가 경제부처의 입김에 휘둘려 필요한 법안에 대해 적당히 타협하는 것 아닙니까? 국민을 위한 응급의료기금을 확충하는 것이 경제부처 눈치를 보며 3년, 5년 이런 식으로 타협할 문제이겠습니까?

이번 수정안을 통과시키는 것은 국회의 권위를 스스로 깎아내리는 것이 될 것입니다. 기획재정부의 입김에 따라 국회가 좌지우지되는 모습을 보여서는 안 됩니다. 응급의료기금도 중요하고 국민 건강도 중요합니다. 그래서 꼭 이 법안이 보건복지 상임위원회에서 의결된 원안 그대로 통과되어야 합니다.

그러나 무엇보다 중요한 것은 국회가 국민을 대변하는 입법기관이라는 점입니다. 해당 상임위와 법사위를 거쳐 본회의에 상정된 법안이 일개 부처의 입김으로 좌지우지되어서는 안 됩니다. 국회는 국민을 대표하는 입법기관이라는 긍지를 가지고 원안 그대로 통과시켜 주실 것을 요청합니다.

- 第18대국회 第278회 第17차 국회 본회의 (2008년 12월 9일) 반대토론

용산참사, 국정조사를 촉구합니다

민주노동당 곽정숙 의원입니다.

본 의원은 용산에서 발생한 민간인 다섯 명과 경찰 한 명이 사망한 사건과 관련하여 국정조사 실시를 촉구하고자 이 자리에 섰습니다.

지난 2월 9일 경찰과 검찰은 용산 참사에 대한 중간수사 발표를 통해 참사를 야기시킨 경찰에게 혐의가 없다고 발표했습니다. 그리고 2월 11일 어제 경찰특공대 투입을 지시한 김석기 경찰청장이 사퇴를 하였습니다.

왜 사건의 책임자가 사건 직후 곧바로 사퇴하지 않고 검찰 수사 결과 발표 이후에야 사퇴를 했겠습니까? 김석기 청장은 경찰청장의 지위를 이용해 경찰 수사와 검찰 수사에 막대한 영향을 끼쳤을 뿐 아니라 경찰력을 동원해 여론을 호도하였습니다. 그렇게 하기 위해 김석기 청장은 사퇴를 미루다가 검찰의 수사 발표가 경찰에게 책임이 없다는 것으로 나온 후에야 사퇴를 한 것입니다. 어처구니없게도 사건의 책임자가 사건 수사를 지휘하고 수사 결과를 조작하는 위치에서 그 영향을 행사했던 것입니다.

이번 수사 결과를 지켜본 국민들은 힘없는 국민들이 어떻게 경찰과 검찰 그리고 정부와 청와대를 상대로 진실을 밝힐 수 있냐 하며 억울해도 별 수 없다는 체념의 상태에 빠져 있습니다. 이러한 상태는 국민을 공권력으로 억압하는 공포정치입니다. 군사정권 시절에나 가능했던 것입니다. 이것은 대한민국 민주주의의 심각한 후퇴입니다.

본 의원은 검찰 수사 결과 발표 다음날 참사 현장에 있었던 목격자들의 증언

을 들었습니다. 망루에서 가까스로 목숨을 건진 김 아무개 씨는 '사고 직전 최루 가스인지 소화기 분말인지가 터져 망루 안은 숨쉬기도 어려운 상황이었다, 사람들은 모두 창문 밖으로 고개를 내밀고 숨을 쉬려고 안간힘을 쓰고 있었는데 엄청나게 뜨거운 열기가 확 하고 올라왔다'라고 증언하였습니다.

그런데 검찰은 그 어떤 증거도 없이 발화 원인이 화염병에 의한 것이라고 단정 지어 발표를 했습니다. 경찰의 과잉진압에 대한 그 어떤 실체도 밝히지 않고 책임을 회피하기 위한 수사 결과만을 내놓았습니다.

국민은 이런 발표를 받아들일 수 없습니다. 대한민국 검찰은 국민의 검찰이 아니라 잘못을 저지른 공권력을 비호하는 검찰이 되었습니다. 국민들은 이제 검찰을 믿을 수 없게 되었습니다.

이제 국회가 나서야 합니다. 국민이 국회를 바라보고 있습니다.

국정조사를 실시해야 합니다. 사건을 저지른 자들은, 죽은 자들은 진실을 알고 있습니다. 그러나 죽인 자들도 진실을 알고 있습니다. 이 수사 결과의 발표를 보면서 검찰을 비웃고 있을 것입니다. 이 사건에 개입해서 사망에 이르게 한 당사자 or 원인제공자들은 또 한편으로는 촛불을 들고 진실 규명을 바라는 국민적 요구에 의해 자신들이 저지른 일이 밝혀질까 두려워하고 있을 것입니다. 국정조사를 통해 사건을 은폐하고 조작해서 국민과 검찰을 비웃고 있는 사건의 책임자들을 분명하게 밝혀내야 합니다. 그리고 사건에 대한 진상규명뿐 아니라 재개발 철거 과정에서 시공사와 철거업체 그리고 구청과 경찰이 불법행위에 가담하거나 공모하지 않았는지 밝혀내야 합니다. 4조 원의 개발 이익이 발생한다는 이번 용산 뉴타운 재개발 사업에서 시공사인 삼성물산과 철거업체들이 구청과 경찰과 어떤 공조를 해 왔고 또 방조가 있었는지 밝혀내야 합니다.

국정조사를 통해 김석기 청장이 이번 사건과 관련해 어떤 지시를 했는지 밝히고 사건을 은폐하고 조작하는 데 어떻게 관여했는지도 밝혀야 합니다.

최소한 농성자들을 연행하기 위해 투입된 특공대마저 소방대원의 구조를 받아야 할 험한 작전을 왜 그토록 서둘러 감행하면서 민간인 다섯 명뿐 아니라 결국 경찰관 한 명이 죽을 수밖에 없는 중과실을 범했는지 국정조사를 통해 분명히 밝혀야 합니다.

국민들이 속 시원하게 이번 사건에 대한 진실을 알 수 있도록 국회가 나서서 국민의 요구에 부응하는 국정조사를 실시할 것을 다시 한번 촉구드립니다.

- 제18대국회 제281회 제6차 국회본회의 (2009년 2월 12일) 5분 자유발언

청와대 성 상납사건, 대통령은 사과하고 재발방지책을 약속해야 합니다

청와대 행정관 성 상납 사건, 대통령은 국민에게 사과해야 합니다. 이번 일로 최고의 권위와 권력을 자랑하는 청와대의 추악한 모습이 드러났습니다.

지난 3월 25일 청와대 행정관이 업무 관련 업체로부터 술 접대를 받고 성 상납까지 받다가 현장에서 적발되었습니다. 성매매는 명백한 불법으로 인간을 성 상품으로 전락시키는 치명적인 인권침해이며 범죄행위입니다. 법과 원칙을 앞세우는 사회 최고 지도적 위치에 있는 청와대 직원이 행한 행동이라고 믿기 어렵습니다.

이날 자리는 케이블 방송사 합병 의결을 앞두고 마련된 자리였습니다. 합병 당사자인 케이블 방송사업자 티브로드가 방송통신위원회 과장과 청와대 행정관을 모셔 두고 술자리 향응에 이어 성 접대를 한 이유가 무엇이었습니까?

누가 보더라도 이것은 불법 로비의 현장이었으며 부패권력의 현주소를 보여주고 있는 것입니다. 그런데도 청와대는 금주령을 내리는 정도에서 사태를 마무리해서는 안 될 것입니다.

무엇보다 이 과정에서 인간의 성을 매매하고 권력의 도구로 이용하고 있는 청와대의 성 인식이 저급한 동물적 수준에 머물고 있음이 드러난 것입니다.

국회는 2004년 성매매알선 등 행위의 처벌에 관한 법률과 성매매방지 및 피해자 보호 등에 관한 법령을 제정해 성매매 축소와 탈 성매매 지원을 통해 피해자들이 희망찬 삶을 살아 갈 수 있도록 수년간 애써 왔습니다.

이 법에 근거해 성매매 예방교육을 의무적으로 실시하게 돼 있지만 청와대 직원들에 대한 성매매 예방교육은 다음 달에 처음으로 실시할 예정이라고 합니다. 법 시행 이후 한 번도 실시하지 않았던 것입니다.

청와대 최고 수장 대통령은 더 이상 청와대가 성 상납 소굴로 전락하지 않도록 첫째, 철저한 수사 지시를 통해 이번 사태에 대한 진상을 철저히 규명하고 한 점 의혹이 없도록 해야 합니다. 금주령을 내리는 정도로 이 사태를 마무리해서는 절대 안 될 것입니다.

무엇보다 윤리·도덕적 측면에서 한 점 부끄러움이 없어야 한다고 확대비서관회의에서 밝힌 만큼 말만 앞세울 것이 아니라 행동으로 국민의 불신을 걷어내야 할 것입니다.

둘째, 성 뇌물 수수 사건에 대한 문제의식이 없이 부패권력을 향유했던 그 책임을 물어 국정기획수석과 민정수석, 방송통신위원장을 즉각 사퇴시킬 것을 강력히 요구합니다.

셋째, 무엇보다 대통령이 나서서 이 사건에 대해 대국민 사과를 하고 재발 방지책을 국민께 약속하셔야 합니다. 그래서 땅에 떨어진 청와대 권위를 다시 일으켜 세우고 진정 거듭나기를 바랍니다.

- 第18대국회 第282회 第1차 국회본회의 (2009년 4월 1일) 5분 자유발언

우리 군을 레바논에 파견하는 것은 '침략적 전쟁을 부인한다'는 헌법위반입니다

한 차례 연장까지 한 우리 군의 레바논 파견은 유엔 결의안에 따라 기간을 정해 파견되어 임무를 수행했고 그 파견 기간이 만료됩니다. 이제 기간이 만료된 만큼 중동 평화에 기여했다기보다 무모하게 우리 군과 민간인의 희생만 낳았던 해외 파견 우리 군은 마땅히 철수되어야 합니다. 그 이유는 우선, 우리 군을 레바논에 파견하는 것은 '침략적 전쟁을 부인한다'는 헌법 제5조1항을 위반하는 것이기 때문입니다. 침략적 전쟁은 영토의 확장, 국가 정책의 관철, 국제 분쟁 해결을 위한 수단으로써 행해지는 무력행사를 말합니다.

중동 지역은 이스라엘의 영토 확장과 팔레스타인의 영토 수복을 둘러싼 분쟁 지역으로 이 지역에 우리 군을 파견하는 것은 침략적 전쟁에 가담하는 것입니다. 또한 헌법 제5조2항 '국군은 국가의 안전보장과 국토방위의 신성한 의무를 수행함을 사명으로 한다'는 것과 달리 해외 파병은 우리 국군의 사명과는 아무런 관계가 없기 때문입니다.

둘째, 이스라엘과 팔레스타인과의 분쟁이 비록 무력 충돌 양상을 보이고 있지만 우리나라는 어떤 편에 들어 행동해서는 안 됩니다. 다들 아시다시피 중동 분쟁의 원인은 세계대전이 끝나면서 영국이 위임 통치하던 팔레스타인 땅을 분할하여 일방적으로 이스라엘 건국을 밀어붙이면서 발생한 것입니다. 유목민이었던 아랍인들은 강대국의 힘에 눌려 삶의 터전을 빼앗기게 되었고, 이후 자신들의 삶의 터전을 되찾기 위해 팔레스타인해방기구(PLO)를 결성하고 무장투쟁까지 전개하고 있는 것입니다.

미국의 우방으로 인식되는 우리나라가 군까지 파견한다면 미국과 이스라엘을 위한 작전을 수행하는 것으로 인식될 수밖에 없는 레바논 파병이 될 것 입니다. 그 결과 아랍계의 반한 감정만 가중시키고, 결과적으로 중동 지역 아랍국들과의 관계는 우호관계가 아니라 적대관계로 악화될 우려가 큽니다. 이러한 결과를 낳는 파병이 결코 중동 평화에 기여하는 것이라고 볼 수 없습니다.

셋째, 정부안에 제시된 예산안에서도 보여지듯이 파견 연장에 따른 예산이 335억 원 소요됩니다. 유엔으로부터 경비가 55% 정도 보전된다고 하지만 그래도 157억의 우리 예산이 투입됩니다.

각종 감세 정책으로 재정적자가 누적되는 상황에서 실익 없는 파병으로 정부 예산 157억 원을 투입하는 것은 너무나도 비실용적 외교, 끌려 다니는 외교의 전형이자 예산 낭비입니다. 또 상기해야 할 것은 2006년 12월 레바논 파병을 국회 국방위원회에서 논의할 때, 당시 김장수 장관은 유엔으로부터 95% 보전 받는다고 국회에 보고하면서 파병동의안을 이끌어 냈습니다. 그런데 지금 정부는 유엔이 55% 보전한다고 말하고 있습니다. 당시 해외 파병에 대한 국민적 반대 여론을 무마시키기 위해 우리나라 예산 투입이 아주 적은 것처럼 허위보고까지 한 것입니다.

문제가 여기에 그치고 있는 것만 아닙니다.

올 3월 유엔에서는 평화유지군 파견에도 불구하고 지속적으로 팔레스타인 무장 세력과 이스라엘 간에 로켓 공격이 계속 감행되고 있는 상황에서 평화유지군 실효성에 대한 의문이 제기되고 있습니다. 2007년 6월 스페인 병사 6명이 사망, 7월 탄자니아 순찰 차량 폭탄 공격에 이어 2008년에도 폭탄 테러로 평화유지군이 살상 되었습니다. 이렇듯 우리 군의 안전은 계속 위협받고 있습니다.

존경하는 국민 여러분!

동료·선배 의원 여러분!

우리나라는 국제 평화와 한반도 평화를 원하고 그 평화를 유지하기 위해 노력할 사명이 있습니다. 그러나 지금 이스라엘과 팔레스타인 간의 무력 충돌은 우리 군이 개입할 수 없는 어려운 역사적 과정의 산물이고, 또 우리 군의 파병 활동이 중동 지역의 평화에 기여하지 못하는 상황에서 군과 민간의 무모한 희생만 발생하고 있습니다.

파병 인원을 제한한 국회의 결정사항을 위반하여 유엔 레바논 평화유지군 사령부에 8명의 국군을 국회 동의도 없이 추가 파병하는 위헌행위까지 아무런 문제의식 없이 감행하고 있는 정부에 대해 통제가 있어야 합니다.

특히, 그 어떤 기관보다 막강한 힘을 가지고 있는 군에 대해 헌법으로 유일하게 통제할 수 있는 국회가 올바른 국정통제권을 행사해야 합니다. 유엔 레바논 평화유지군은 파견 기간이 종료되는 7월 18일을 기해 철수해야 합니다. 그것이 세계 평화에 기여하고 국익을 위한 결정입니다.

유엔 결의안 하나만을 가지고 무분별한 파병을 결정하는 것에 대해 국회가 가지는 국정통제권을 제대로 행사해 주실 것을 부탁드리겠습니다.

- 제18대국회 제283회 제1차 국회본회의 (2009년 7월 15일)
국군부대의 유엔 레바논 평화유지군(UNIFIL) 파견연장 동의안 반대토론

장애인의 고용확대보다 사업주의 부담을 감면해 주려는 것 뿐입니다

장애인고용촉진 및 직업재활법 일부개정안에 대해서 반대토론을 하고자 합니다. 의무 고용률 상향 조정이 없는 중증장애인 2배수 인정제도와 고용 기간에 따른 고용장려금 차등 지급의 내용이 담긴 장애인고용촉진 및 직업재활법 개정안에 대해서는 반대합니다.

첫째, 개정안 중 중증장애인 2배수 인정제도에 대해 말씀드리겠습니다.

중증장애인 2배수 인정제도는 사업주가 중증장애인을 고용하면 장애인 2명을 고용한 것으로 인정하는 제도입니다. 이 제도는 반드시 의무고용률 상향 조정 방안과 정책 결합이 이루어져야만 고용 확대의 효과가 있습니다. 일본의 경우에도 중증장애인 2배수 인정제도 실시 이후에 전체 장애인 고용 인원은 늘지 않으면서 경증장애인이 중증장애인으로 대체되고 이에 따라 허수의 고용률 상승만을 가져오는 문제점을 나타내고 있습니다.

노동부가 실시한 연구 결과에 따르더라도 중증장애인 2배수 고용인정제는 의무고용률 상향 조정 방안과 사실상 하나의 세트였다고 할 수 있습니다. 하지만 이번 개정안에는 실질적인 의무고용률 상향 조정 없이 중증장애인 2배수 고용인정제도만 도입하고 있습니다. 이는 중증장애인 고용 확대라는 원래의 입법 취지와 전혀 맞지 않는 것입니다.

2008년 공공부문 장애인 고용현황에 따르면 국가 및 지자체 79곳의 장애인고용률이 평균 1.76%에 그치고 있습니다. 장애인을 2% 이상 고용해야 하는 장애인고용촉진 및 직업재활법을 위반한 것입니다. 특히 핵심 권력기관인 대통령실의 장애인고용률은 1.75%, 사법부는 1.71%, 법률을 제정하는 입법부는 1.02%밖에 되지 않습니다. 정부기관조차도 의무고용률을 지키지 않고 있는 것입니다. 지킬 의지도 지킬 자신도 없는 것이지요. 민간 부문의 현실도 마찬가지입니다. 이번 개정안은 사실상 장애인의 고용 확대보다 사업주의 부담을 줄이고 부담 금액을 감면해 주려는 것 뿐입니다.

둘째로 본 개정안은 고용 기간, 장애 정도, 성 등을 고려하여 지급 단가 및 지급 기간을 차등하여 지급할 수 있게 하려 하고 있습니다. 하지만 이는 고용장려금을 축소시키는 근거가 될 우려가 있고 경증장애인 고용 안정을 저해할 가능성이 매우 큽니다. 법에 정한 2% 고용률에도 미치지 못하고 있는 상황에서 장려금 지원을 제한하는 것은 바람직하지 않습니다.

정부가 주장하는 것은 경증장애인 지원을 줄여서 절감된 재정을 중증장애인 지원에 투여한다고 했으나 그 내용이 아주 불분명합니다. 경증장애인 역시 노동시장에서 불이익을 받을 가능성이 높은 현실을 전혀 고려하지 않고 있습니다. 이는 장애인 고용 규모를 늘리는데 전혀 도움이 되지 않을 것입니다.

장애인도 노동할 권리를 보장받아야 하고 본 법안은 그 근거가 되는 법률안입니다. 하지만 2008년 12월 조사에 따르면 장애인 실업률은 8.3%로 전체 실업률 3.3%에 비해서 약 2.5배의 높은 수준입니다. 이러한 현실에서 장애인 고용이 축소되는 이 개정안에 대한 우려의 목소리가 매우 큽니다.

다시 한 번 말씀드립니다.

중증장애인 2배수 인정제도는 반드시 장애인의 의무고용률 상향 조정과 함께 도입돼야 합니다. 이 제도로 인한 장애인 고용률의 허수 증가분과 장애인고용기금의 수지 악화를 상쇄하기 위해서라도 공공부문 6%, 민간부문의 의무고용률 3% 상향 조정을 법률상에 명시하는 것이 동반되어 실시되어야 합니다. 그렇지 않을 경우 장애인고용기금은 급격히 감소될 것이고 장애인 고용정책 전반이 붕괴될 수가 있습니다. 또 한 가지 정부가 이야기하는 것처럼 중증장애인의 고용을 늘리기 위한 방안이라면 근로지원인 제도를 법률에 명시하여야 할 것입니다. 이것이 실질적으로 중증장애인 고용을 확대할 수 있는 방안입니다. 이 개정안으로는 결단코 장애인 고용을 확대할 수가 없습니다. 오히려 장애인 노동권 확보에 저해되는 요소가 많은 법안입니다. 따라서 다시 논의를 진행해야 한다는 점을 말씀드리면서 여러분들의 현명한 판단을 기대하겠습니다.

- 제18대국회 제284회 제1차 국회본회의 (2009년 9월 16일)
장애인고용촉진 및 직업재활법 일부개정법률안에 대한 반대토론

신종플루 대유행 대응위한 국가적 시스템마련이 시급합니다

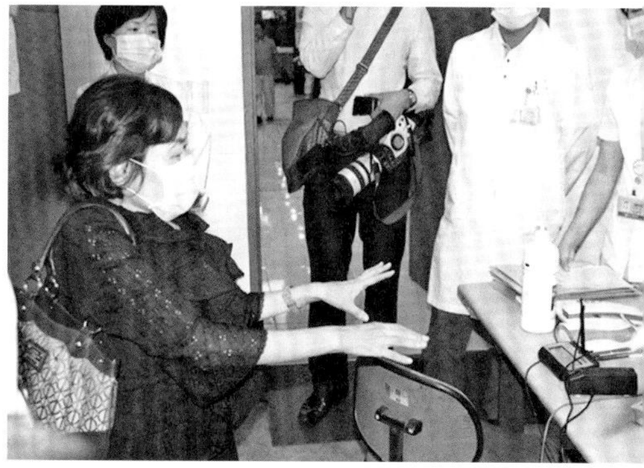

신종 플루의 무상 검진 · 치료 · 예방을 위한 예산 확보와 대유행 전염병 대응을 위한 국가적 시스템 마련이 시급합니다. 신종 플루로 인한 사망자가 8명에 이르고 있으며 감염자 수만 1만 명을 넘어섰습니다. 9월 둘째 주에만 3765명의 감염자가 발생하는 등 신종 플루 신규 감염자가 급속히 증가하고 있습니다. 하지만 정부는 부정확한 정보 제공과 혼란스러운 대응 지침으로 국민적 신뢰를 얻는 데 실패했습니다. 정부는 수만 명의 사망자가 발생할 것이라는 전망치를 내놓고 있다가 발뺌하기에 급급했습니다.

본 의원이 지적한 항바이러스제 실제 비축량 문제도 그렇습니다. 500만 명분의 항바이러스제를 확보하고 있다고 말했다가 실제 200만 명분밖에 없다는 것이 들통나자 가지고 있다고는 말하지 않았고 앞으로 들어올 예정이라며 말장난을 쳤습니다. 이번 신종 플루 사태가 우리에게 주는 교훈은 민간병원 중심의 우리나라 보건의료체계로는 신종 플루와 같은 대유행 전염병을 대처할 수 없고 공공의료시스템 확충 없이는 서민의 건강이 담보될 수 없다는 것입니다. 또한 대유행 전염병에 대한 국가대응시스템 부재로 인하여 위기 상황에 직면했을 때 백신 및 치료제 확보 등 건강 주권이 박탈당할 처지에 놓여 있다는 점 또한 간과해서는 안 될 것입니다.

국가재정은 국민의 생명과 건강 보호에 가장 먼저 투입되어야 합니다. 공공의료체계 확충, 대유행 전염병 대응을 위해 예산이 투입되어야 합니다. 특히 돈이 없어 치료를 받지 못하는 일은 절대 없어야 할 것입니다. 서민들이 신종 플루 검진하고 치료하는 데 있어서 소외되지 않도록 국가가 책임지고 나서야 할 것입니다.

본 의원이 추계한 바로는 1조 원의 돈이면 신종 플루에 대한 무상검진과 치료, 예방이 가능합니다. 지금 시급한 것은 4대강 사업이 아니라 국민의 생명과 건강에 직결된 신종 플루 예산 확보입니다. 아울러 신종 플루 치료를 위한 항바이러스제 실제 비축량이 전 국민 대비 20%에 미치지 못하는 만큼 강제 실시 등을 통한 항바이러스제의 국내 생산이 필요합니다.

신종 플루 확산은 이제 시작입니다. 익숙해졌다는 듯이 방심하는 사이에 돌이킬 수 없는 재앙이 올 수도 있습니다. 지금은 과민반응을 이야기할 때가 아니라 이제 막 시작한 전염병 대유행에 철저하게 대응할 수 있는 방법을 모색해야 할 때라고 생각합니다.

- 제18대국회 제284회 제1차 국회본회의 (2009년 9월 16일) 5분 자유발언

정부의 2010년 예산안은 역대 최고의 서민절망예산

정부는 내년 복지지출은 81조 원으로 올해 본예산비의 6.4조 원, 8.6%가 증가한 것이라고 합니다. 총지출에서 복지가 차지하는 비중도 27.8%로 역대 최고 수준이라고 강조합니다. 국민기초생활보장, 긴급복지 지원 등 빈곤층과 직접 관련된 예산만 무려 1조 3450억 원이 삭감되었는데 도대체 어떤 복지예산이 역대 최대 수준입니까? 정부가 제출한 2010년 예산안은 한마디로 역대 최고의 서민 절망 예산입니다. 절망을 넘어 분노를 사고 있는 장애인 관련 예산에 대해 말씀드리겠습니다.

보건복지가족부, 국토해양부, 노동부, 교육과학기술부, 방송통신위원회에 편성된 2010년 장애인 관련 예산은 1조 870억 원으로 2009년 본예산 1조 921억 원보다 0.5% 감소하였습니다. 추경 포함된 예산과 비교하면 1.4%, 153억 원이 감소한 것입니다. 이명박 대통령은 대선후보 시절 장애인 관련 예산을 OECD 평균인 GDP 대비 2.5% 수준으로 확보하겠다고 약속한 바 있습니다. 이는 27조 5000억 원에 이르는 금액입니다. 지금 장애인 관련 예산은 1조가 조금 넘으니 산술적으로는 무려 26조가 넘게 증액해야 합니다. 민간영역을 더한다 해도 10배는 증액해야 한다는 게 통설입니다. 대폭 증액해도 시원치 않은 판에 감액을 하였습니다. 지난 9월 초만 해도 대통령께서 일하기 어려운 중증장애인들을 위해 기초장애연금, 장기요양서비스 등을 도입해 정부가 책임지고 보살필 것이라고 장애인들 앞에서 약속하셨습니다. 예산 없이 이 약속을 어떻게 지키겠다는 것입니까?

2010년 장애인연금 예산은 395억 원에 불과합니다. 쥐꼬리 만한 예산으로 제도를 도입하려고 하니 장애인연금이 도입되어도 기존 장애수당보다 1, 2만 원 더 받는 수준입니다. 이러니 껌값연금, 껍데기연금이라는 조롱을 받고 있는 것입니다. 게다가 연금제도 도입에 따라 지방자치단체의 추가 지원이 폐지된다면 오히려 현재의 장애수당제도보다 덜 받게 됩니다. 심지어 개인에서 가구로 소득기준이 바뀌면 지금까지 수당을 받던 사람이 탈락되어 아무것도 못 받게 될 수 있습니다. 이것이 이명박 대통령이 책임지고 보살피는 방식입니까? 장애계는 집회와 농성, 삭발 투쟁으로 강력하게 반발하고 있습니다. 연금제도 도입을 통해 장애인의 소득을 정말로 보장할 생각이라면 그에 맞는 예산을 편성해야 할 것입니다.

또한 국토해양부에 저상버스 도입 예산은 2009년 본예산 442억 원보다 117억 원 삭감된 325억 원이 편성되었습니다. 각 지자체에서 꼭 필요하다고 국토해양부에 요구한 예산이 806억 원입니다. 절반에도 미치지 못합니다. 국토해양부가 발표한 교통약자이동편의증진계획에 의하면 2011년까지 전체 버스의 31.5%를 저상버스로 도입해야 하며, 이에 따라 2010년에는 672억 원을 편성하도록 적시하고 있습니다.

그런데 도대체 왜 증액은 커녕 감액 편성한 것입니까? 4대강에 쏟아 부을 예산은 있고 저상버스 도입에 쓸 예산은 없는 것입니까? 정부는 정부가 세운 계획조차 무시하는 무리수를 두고 있습니다.

존경하는 국민 여러분!

국회의장 이하 선배·동료 의원님!

오늘도 장애인들이 국회 앞 차디찬 아스팔트에서 농성을 하고 있습니다. 언제까지 장애인들을 길거리 투쟁으로 내몰 것입니까? 정부는 '서민을 위한 정부'가 새빨간 거짓말이라는 손가락질을 받고 싶지 않다면 현재의 재정기조를 근본적으로 수정하여 복지 강화에 예산을 집중해야 할 것입니다. 적어도 장애인연금 1조 400억 원, 저상버스 도입 지원 1600억 원, 장애인활동 보조서비스 1100억 원 증액 등 장애인 관련 예산 1조 4000억 원은 반드시 증액해야 합니다.

이명박 대통령과 한나라당에게 국민과의 약속을 지킬 것을 다시 한번 엄중히 경고하는 바입니다.

- 第18대국회 第284회 第13차 국회본회의 (2009년 12월 7일) 5분 발언

인천경제자유구역의 영리화정책은 폐기되어야 합니다

국민적 저항으로 사실상 폐기 수순을 밟고 있는 의료영리화 정책이 지식경제부 등 경제부처의 주도로 다시 고개를 들고 있습니다. 인천 경제자유구역에 외국 영리병원을 설립하겠다는 것입니다. 게다가 외국인 전용도 아닌 내국인 진료를 100%, 전면 허용하는 우리나라 최초의 영리병원을 설립하겠다고 합니다. 정부는 경제자유구역에 외국 영리병원 설립하는 것을 특정 지역에 병원 하나 세우는 간단한 일로 치부하고 있습니다.

하지만 영리병원 도입이 간단한 문제입니까? 전국에 경제자유구역이 여섯 군데나 있고 그 범위도 전국 방방곡곡 걸치지 않은 곳이 없습니다. 경제자유구역에의 영리병원 도입은 결국 전국에 영리병원을 도입하는 것과 같은 효과를 나타낼 것입니다.

또한 지금도 지방에서 수도권 유명병원으로 원정진료를 오고 있는 상황에서 인천에 영리병원이 생긴다면 전국의 환자들이 몰릴 것이 뻔합니다. 미국의 유명병원과 서울대병원이 합작으로 설립했다고 입소문이 나기 시작하면 집을 팔아서라도 부모님 병을 고치겠다고 외국 영리병원에 몰릴 것입니다. 경제자유구역에의 영리병원은 건강보험도 적용되지 않기 때문에 환자들은 비싼 병원비를 내야 하고 이것은 의료비 폭등 등으로 이어질 것입니다. 그런데도 정부는 외국 영리병원 설립이 우리나라에 거의 영향을 미치지 않을 것이라고 합니다. 오히려 영리병원은 병원비가 너무 비싸기 때문에 국내 환자들이 오지 않을 것이라는 터무니없는 주장을 하고 있습니다.

정부는 경제자유구역에 거주하는 외국인의 정주 여건을 마련하기 위해 외국

영리병원 도입이 필요하다고 합니다. 본 의원은 경제자유구역에 훌륭한 의료기관이 들어서는 것에 대해서 반대하지 않습니다. 그리고 경제자유구역에 있는 외국인은 물론 내국인까지 충분한 의료서비스를 제공받아야 한다고 생각합니다.

하지만 그것이 꼭 영리병원이어야 합니까? 외국병원이어야만 합니까? 경제자유구역에 거주하는 외국인과 내국인의 의료수요를 감안하여 그에 합당한 의료서비스를 제공하면 되는 것입니다. 영리병원, 외국병원일 이유가 전혀 없는 것입니다.

외국영리병원을 유치하려는 이유가 외국인 거주여건 마련을 위한 것이라고 주장하면서 내국인 진료를 100% 허용해 달라고 요구하고 영리병원만을 고집하는 것은 자기모순이자 본말이 전도된 것입니다.

복지부의 태도도 문제입니다. 복지부는 외국영리병원의 내국인 진료비율을 50%로 제한하겠다고 합니다. 그러나 복지부의 내국인 진료비율 50% 주장에는 아무런 근거가 없습니다. 영리병원에 대한 내국인 투자비율이 50% 미만이기 때문에 내국인 진료비율도 50%로 해야 한다는 주먹구구식의 탁상행정만을 일삼고 있습니다. 그러면서 복지부는 내국인 진료비율 50%를 받아들이지 않으면 지식경제부에서 내국인 진료를 100% 허용할 것이라고 보건복지위 소속 위원들을 사실상 협박하고 있는 것입니다.

복지부는 근거 없는 수치를 제시할 것이 아니라 국민건강을 위해 영리병원 도입에 대한 반대 입장을 분명히 하고 지방자치단체의 영리병원 도입 시도를 차단해야 할 것입니다.

다시 한번 말씀드리지만 인천경제자유구역의 외국영리병원 유치는 단순히 병원 하나를 들여오는 문제가 아닙니다. 우리나라 의료체계의 근간을 흔드는 중대한 사안입니다. 인천경제자유구역의 외국영리병원 도입 시도를 비롯한 일체의 의료 영리화 정책은 폐기되어야 할 것입니다.

- 제18대국회 제287회 제10차 국회본회의 (2010년 2월 25일) 5분 자유발언

아프가니스탄에 국군을 재파병하는 것은 반평화행위입니다

2003년 이라크에서 오무전기 노동자 김만수·곽경해 씨가, 2004년 이라크에서 김선일 씨가, 2007년 아프가니스탄에서 다산부대 윤장호 하사가, 샘물교회 배형규 목사, 심성민 씨가 점령과 파병 때문에 희생되었습니다. 이들이 피랍되고 사망할 때마다 한국 사회는 엄청난 충격과 비통함에 빠졌었습니다. 우리는 정녕 이들을 잊었습니까? 내 아버지, 내 아들, 내 형제의 일인듯 함께 느꼈던 그 참담한 고통을 잊으셨습니까? 2001년 10월 아프가니스탄 점령이 시작된 이후 미군은 940여 명, 미군 외 다국적군은 630여 명이 사망하였습니다. 현재 주둔 외국군 전사자 숫자는 2009년 말까지 506명에 이른다고 합니다. 2008년 295명이었던 사망자 숫자가 2009년 두 배 수준으로 급증하여 개전 후 최대를 기록했다고 합니다.

민간인 사망자는 이보다 훨씬 많아서 2009년 한 해 동안만 2412명이라고 합니다. 바로 이틀 전인 2월 23일에도 국제안보지원군이 민간인 차량 3대를 무장세력으로 오인하여 폭격하여 33명이 숨지고 12명이 다쳤다고 합니다. 이들은 여성과 아이들이었습니다.

아프가니스탄 아이들 4명 중 1명은 5살이 되기 전에 죽는다고 합니다. 8년의 전쟁으로 아프가니스탄은 미래가 없는 거대한 무덤이 되어 버렸습니다. 무엇이 이들을 죽음으로 몰고 갔습니까? 군인도 민간인도 모두 미국이 아프가니스탄에서 벌이고 있는 석유를 얻기 위한 테러와의 전쟁의 희생자입니다. 이 더러운 전쟁에 왜 대한민국이 뛰어들어야 합니까? 정부와 한나라당은 국제적 위상에 맞게 국격을 높이기 위해 파병을 해야 한다고 주장합니다. 강대국의 이익을 위한 불의한 전쟁을 지원하는 것이 국제적 위상이고 총을 앞세워서 다른 이의 삶을 짓밟는 것이 국격을 높이는 것이라는 말입니까?

아프가니스탄 재건을 위한 민간 지원단이라는 것은 정부만의 주장일 뿐 아무도 지금의 재파병을 민간인력 지원으로 받아들이고 있지 않습니다. 지방재건팀이라는 이름으로 아무리 포장을 해도 이는 결국 아프가니스탄에 주둔하는 다국적군일 뿐입니다. 지금 아프가니스탄은 탈레반이 영토의 80%를 장악하고 있고 유엔 직원조차 대규모로 철수하고 NGO 단체가 테러의 표적이 되고 외국군 사망자가 대폭 늘어가는 등 갈수록 전황이 악화되고 있습니다. 이 시점에서 우리가 파병을 결정한다면 13억 아랍 중동 민심이 차갑게 돌아설 뿐만 아니라 한국인이 세계 어디에서건 납치 살해의 표적이 될 위험성이 높아질 것입니다.

이명박 정부가 아프가니스탄 파병을 철회하지 않는 한 테러와 학살은 막을 수가 없습니다. 국익이라는 이름의 이기심은 더 큰 재앙을 불러오게 될 것입니다.

존경하는 선배 · 동료 의원 여러분!

이라크에서 아들을 잃은 신디 시핸은 한 강연회에서 이렇게 말했습니다. '내 아들을 쏜 이라크 군인이 미국을 용서해 주길 바란다. 누구든 조국이 침략당했을 때 나라를 지키기 위해 총을 쏠 권리가 있다. 진짜 살인자는 백악관과 국회에서 일하고 있는 자들이다.'

선배 · 동료 의원 여러분!

우리는 지금 살인자가 되려고 합니까? 선배 · 동료 의원 여러분께 간절히 호소드립니다. 아프가니스탄 재파병 동의안을 반드시 부결시켜 주시기 바랍니다. 아프가니스탄에 필요한 것은 군인을 앞세운 이름뿐인 재건이 아닙니다. 진정한 평화는 전쟁 종식을 통해서 얻어질 것입니다.

- 제18대국회 제287회 제10차 국회본회의 (2010년 2월 25일)
국군부대의 아프가니스탄 파견 동의안 반대토론

강력범죄 위헌적 처벌강화도입은 안됩니다

민주노동당 곽정숙 의원입니다.

차마 입으로 담기조차 가슴 아픈 아동 성폭력 사건이 또다시 발생하였습니다.

이른바 조두순 사건으로 전 국민이 분노했던 것이 지난 9월이었습니다. 불과 반년이 지났을 뿐인데 끔찍한 사건이 또 일어났습니다. 꽃보다 예쁜 우리 아이들에게 이 상황을 도대체 뭐라고 설명해야 할까요?

작년에도 그랬지만 이번에도 역시 범죄자 신상 공개부터 사형 실시까지 각종 대책이 쏟아져 나오고 있습니다. 범죄 근절에 대한 약속도 거듭되고 있습니다. 본 의원 또한 국민들과 마찬가지로 그 약속이 진심이기를 바랍니다.

그런데 책임 있는 정부여당의 원내대표가 좌파 타령에 나섰습니다. 아동 성폭력에 대한 국민들의 분노를 저열한 색깔론 공방으로 이어가고 싶어 하는 그 의도에 소름이 돋습니다. 정부와 여당이 발표하고 언급하는 대책에 혹시라도 이런 식의 정치적 의도가 숨어 있지는 않은지 가슴에 손을 얹고 돌아보시기 바랍니다.

지금 강력범죄에 엄정하게 대처해야 한다는 국민의 여론을 빌미로 사회적 논의도 없는 즉흥 대책이 쏟아져 나오고 있습니다. 그중 어떤 것은 위헌적 요소를 안고 있습니다. 헌법조차 가뿐히 뛰어넘는 초법적 처벌 강화를 추진하고 있습니다.

피의자 얼굴 공개가 헌법이 보장한 무죄 추정의 원칙에 어긋난다는 것은 상식입니다. 그동안 경찰은 피의자에게 마스크나 모자를 씌웠습니다. 이는 피의자의 신원을 추정할 수 있거나 신분이 노출될 우려가 있는 장면은 촬영되지 않도록 해야 한다는 인권 보호를 위한 경찰관의 직무규칙 제85조에 따른 것입니다. 그런데 이번 사건에서 경찰은 김씨를 검거해 호송하면서 김씨의 얼굴을 가리지 않았습니다.

다음 달에 흉악범 얼굴 공개 가이드라인을 마련할 방침이라고 합니다. 일단 규칙을 어기고 가이드라인을 마련한다, 언제부터 이런 식이었습니까?

또 사형수에 대한 형 집행에 나서야 한다는 목소리도 들립니다. 사형제도 역시 그동안 많은 사회적 논란이 있었습니다. 마치 이런 논란을 단번에 불식시키듯 정부는 사형 집행을 전제로 청송 교도소에 사형장을 신설하겠다고 합니다.

법과 제도라는 이름으로 인간의 존엄인 생명을 인위적으로 박탈하는 사형제는 폐지되어야 할 것입니다. 가석방 없는 종신형과 같은 대안이 논의되기는커녕 일방적으로 사형제를 강화하려 하고 있습니다.

성범죄자 전자발찌를 모든 성범죄자에게 소급 적용하고 부착 기간을 연장해야 한다는 의견도 나왔습니다. 전자발찌 부착 기간은 도입 시 5년에서 10년으로, 지난해 말에는 30년으로 상향 조정되더니 이제는 50년으로 늘어나야 한다고 합니다.

어떤 기준도 없이 여론에 편승하여 비합리적으로 논의되고 있습니다. 부착 기간 증가와 같은 생색내기 대책보다 근본적 대책이 정말 절실합니다.

또 보호감호제 재도입을 추진하겠다고 합니다. 보호감호제는 형 집행 후에도 일정 기간 격리 수용하는 제도로 2005년 이중처벌 및 인권 침해 논란으로 폐지되었습니다. 보호감호제는 사회보호법에 의한 것인데 1980년 전두환 정부가 삼청교육대를 합법화하기 위해 만든 것으로 인권 침해 문제를 야기하여 폐지되었습니다. 새로운 사회보호법이 필요하다는 이야기도 나옵니다. 역사를 거꾸로 돌리는 일이 아무렇지도 않게 이루어지고 있습니다.

도대체 정부와 여당이 하고 싶은 것이 무엇입니까? 아동 성폭력 근절입니까, 다른 것입니까? 실효성도 고려하지 않은, 말로만 하는 엄정처벌, 제발 그만 좀 합시다.

성폭력 예방, 형사 사법적 대응, 피해자 보호 지원, 교화를 통한 재범 방지 프로그램 등 종합적이고도 체계적이며 일관적이고 장기적인 대책이 필요합니다.

본 의원은 캐나다에서 시행한 성범죄자 교화 프로그램인 마셜 프로그램의 전면 도입과 범정부적 성범죄 방지를 위한 기본계획 수립을 제안합니다.

과거 캐나다에서 흉악한 성범죄가 발생할 때마다 처벌 강화를 요구하는 분노에 찬 여론이 들끓었다고 합니다. 캐나다도 처벌을 강화했지만 성범죄 발생률은 오히려 증가했고 피해자는 계속 양산되었다고 합니다. 처벌이 능사가 아니라고 생각한 캐나다 정부는 피해자를 줄이기 위해 가해자 치료에 적극 나섰고, 그 결과 현재 캐나다는 성범죄가 가장 낮은 나라로 꼽히게 되었습니다.

영국에서는 2007년부터 경찰, 검찰, 형사법원, 교정청과 지역사회, 민간단체들이 힘을 모아 성폭력 학대 방지를 위한 범정부기본계획을 수립하여 추진 중이라고 합니다.

김씨 한 사람을 강력 처벌하는 것으로 우리 모두가 의로운 사람이 될 수 있다는 착각에서 벗어나야 합니다. 피의자를 옹호하자는 것이 결코 아닙니다. 강력범죄자는 강력히 처벌되어야 마땅합니다. 이와 함께 지금 가장 중요한 것은 아동 성폭력이 진짜로 근절되도록 하는 것입니다. 다시는 이런 일이 발생하지 않도록 하는 것입니다. 근본적 대책을 수립하지 않는 한 우리 모두는 죄인입니다.

끝까지 경청해 주셔서 감사합니다.

- 제18대국회 제288회 제1차 국회본회의 (2010년 3월 18일) 5분 자유발언

전자감시제도 전격도입은 더 큰 사회적문제를 야기합니다

특정 범죄자에 대한 위치추적 전자장치 부착 등에 관한 법률 일부개정법률안에 대한 반대토론을 하고자 합니다. 이른바 전자발찌 제도라고 불리는 전자감시제도는 미국 등 다른 나라에서는 애초에 교도소의 과잉 구금 문제를 해결하고 범죄자의 사회 복귀를 돕기 위해 도입한 것입니다. 우리나라처럼 성폭력 강력범에 대해 전격적으로 전자감시제도를 도입한 것은 매우 이례적인 것입니다. 인권 침해, 헌법상의 평등 원칙의 침해, 이중처벌, 형사사법에 의한 사회 통제망의 확대 등에 대한 문제 제기가 묵과된 채 도입된 것도 문제지만 현재 전자감시제도가 마치 성폭력범죄 근절의 주요한 대책인 것처럼 논의되는 것은 더욱 큰 문제입니다. 성폭력범죄의 재범률이 높은 것은 성폭력범죄의 주요 원인이라고 할 수 있는 인격·성격 장애의 장애를 완화·제거하기 위한 전문적인 교육·치료 프로그램에 정책적 무게를 두고 있지 않은 데 이유가 있습니다. 물론 우리나라도 2003년부터 아동·청소년 대상 성범죄자들을 대상으로 재범방지 교육을 실시하고는 있으나 그 대상자가 신상정보 등록대상자 중 희망자나 법원이 집행유예를 선고하면서 수강명령을 병과한 자 가운데에서 보호관찰소에서 집행을 위탁받은 자 또 교도소 재소 잔여기간이 1년 미만인 자로 폭이 매우 좁습니다.

모든 성폭력 사범에 대해서 의무적으로 교정 프로그램을 실시하고, 시간 및 내용도 강화할 필요가 있습니다. 이러한 프로그램을 실질화하는 것이 법치국가 원칙에 부합하고 인권친화적이며 무엇보다 재범률을 낮출 수 있는 증명된 방법입니다.

또한 성폭력범죄에 대한 가장 기본적이고 실효성 있는 대책은 범죄 신고율을 높이는 것과 피해자의 권리를 실질적으로 보호하는 것입니다. 이에 근간이 되는 것이 바로 친고죄 폐지입니다. 성폭력범죄의 중대성에 비추어 볼 때 단지 피해자의 고소가 없다는 이유만으로 범죄자의 형사 처벌이 불가능하다는 것은 사법체계의 중대한 결함입니다. 사실상 가해자를 보호하는 제도적 장치로 악용되고 있는 친고죄의 폐지는 유보된 채, 극소수의 범죄자에게 극단적인 형을 부과하는 방안만이 처리되는 것은 본말이 전도된 것입니다. 본 개정법률안의 구체적 내용에 대한 반대의견을 말씀드리겠습니다.

첫째, 과거 범죄자에 대한 전자발찌 부착 소급 적용은 형벌 불소급의 원칙에 어긋나는 것입니다.

둘째, 전자발찌 부착명령 청구요건을 2회 이상의 전과자에서 1회로 하고, 형기 합계 3년 이상 요건도 삭제하였으며, 10년 이내 재범으로 완화하였습니다. 형기 제한도 없이 10년 전의 전과만으로 부착을 가능하게 하면 사실상 법에 부착요건을 규정한 이유가 없게 됩니다.

셋째, 살인죄가 동종 전과율이 높다는 분석결과도 없는 상황에서 단지 강력범죄라는 이유만으로 살인 범죄자까지 전자발찌를 부착할 수 있도록 규정하는 것은 앞으로 별다른 근거도 없이 다른 범죄, 더 넓은 범위로 쉽게 전자발찌를 확대시키는 발판이 될 것입니다.

넷째, 전자발찌 부착기간을 30년으로 상향하고 최대 2배까지 가중하도록 하였습니다. 제도 도입 2년 만에 5년에서 10년으로, 다시 30년으로 상향되는 것입니다. 어떠한 근거도 없이 고무줄처럼 늘어나고 있습니다.

다섯째, 전자발찌를 통한 24시간 감시가 가능하고 신상공개제도도 있으며 필요적 보호관찰을 받도록 하는 이중 삼중의 감시 상황에서 주거지역 제한, 국내여행·출국 허가를 받도록 한 것은 지나친 제한입니다. 재범 예방의 필요성을 넘는 제한은 형벌의 성격이 강화되는 것으로 결국 이중처벌이라는 위헌 논란으로 이어질 것입니다.

존경하는 동료·선배 의원 여러분!

다시 한번 말씀드리지만 감시와 통제, 처벌 강화는 성폭력을 근절하지 못합니다. 전자발찌 소급 적용 및 살인범죄까지 확대 적용, 착용기간 연장 등 치안 강화를 위한 본법안은 장기적으로 더 큰 사회적 문제를 야기할 것입니다.

본 법안에 반대해 주실 것을 강력하게 요청 드립니다.

감사합니다.

- 第18대국회 第288회 第2차 국회본회의 (2010년 3월 31일)
특정 범죄자에 대한 위치추적 전자장치 부착 등에 관한 법률 일부개정법률안 반대토론

지방행정체제개편, 국민의 생생한 요구를 담아야 합니다

지방행정체제 개편에 관한 의견을 말씀드리겠습니다. 어제 열린 제9차 지방행정체제개편특별위원회 전체회의는 여야 합의로 지방행정체제 개편에 관한 특별법안을 위원회 대안으로 통과시켰습니다. 오랜 시간 특위에서 성실히 활동하신 의원님들께 깊은 존경의 마음을 전합니다. 수백 년을 이어온 행정구역과 체제를 개편하는 문제는 가히 국가백년지대계라 불러 손색이 없습니다. 그 이어져 온 역사만큼이나 후세에 미칠 영향력 역시 지대할 것입니다.

이러한 행정체제 개편의 중요성에 비추어 봤을 때, 그러나 안타깝게도 본 법안은 여러 의원님들의 수고에도 불구하고 여러 한계를 갖는다는 점을 지적하지 않을 수 없습니다.

먼저 법안 제6조로부터 제11조에 이르는 지방행정체제개편추진위원회에 대한 부분입니다. 법안에 따르면 개편추진위원회는 행정체제 개편의 기획·실행은 물론 지방자치와 관련한 사무 배분, 교육자치, 자치경찰, 나아가 위원장이 인정하는 포괄적 사항에까지 막강한 권한을 행사하게 됩니다. 그러나 위원회는 정부편향 인사들로 구성될 소지가 커 그동안 여러 차례 문제점을 지적해 온 학계나 시민단체의 목소리는 외면될 우려가 큽니다. 더구나 국민을 대변하는 국회의 책임까지 배제하고 있습니다.

따라서 개편추진위원회는 대통령 소속이 아니라 독립기구화 하여 아래로부터의 의견에 충분히 반영하고 제기되는 문제점에 대해서도 충분히 검토하며 추진할 수 있도록 해야 합니다.

다음으로 법안은 안 제13조에서 특별시 및 광역시 관할구역 안의 구청장은 주민이 직접 선출하되 지방의회는 폐지하도록 하고 있습니다. 우리나라 헌법 제118조가 "지방자치단체에 의회를 둔다."고 규정하고 있는 사실에 비추어 볼 때 이는 명백히 헌법에 반하는 내용입니다. 전통적으로 우리나라 단체장은 권한은 비대하되 견제장치는 부족하여 온갖 전횡을 일삼으며 갖은 비리와 추문에 휩싸이는 사례가 많았습니다. 법안대로라면 이제 단체장은 가히 '소통령'이라고 불러도 무방하게 될 것입니다. 더 심각한 것은 지방의회의 역할을 대신할 기관으로 구정위원회를 구성하겠다는 부분입니다. 예산안심의권을 맡게 될 구정위원회에 예산을 편성하는 구청장의 참여를 보장하는 것은 고양이에게 생선가게를 맡기는 격이며, 앞으로 방만한 재정 집행과 선심성 행정을 예고하는 것입니다.

법안이 지방자치 위축 우려에 따른 대안으로 내놓은 안 제21조부터 23조, 주민자치회도 마찬가지입니다. 새로 설치될 주민자치회는 원하는 지역만 만들면 되도록 하고 있습니다. 그 역할도 주민화합이나 발전 사항 등 상조사업 중심으로 규정하고 있습니다. 게다가 자치위원은 자치단체장이 위촉하도록 하여 결과적으로 관변단체로 전락시킬 우려가 아주 큽니다.

마지막으로 주민투표를 강조하고 싶습니다.

정부가 얼마 전 추진했던 '자율'이라는 명분의 지자체 통합 과정에서 가장 큰 문제가 됐던 부분은 주민투표를 배제해 주민 의견을 반영하지 않은 것이었습니다. 이에 따라 지역 내에서 얼마나 극심한 혼란과 갈등이 야기되었습니까? 그렇다면 특별법은 마땅히 이를 교훈으로 삼아 주민투표를 의무적으로 실시토록 해야 했습니다. 하지만 특별법안 제18조는 오히려 주민투표를 행안부장관 결정에 내맡김으로써 주민의 자기결정권을 심각하게 침해하고 있습니다. 이는 또다시 반발을 부를 수밖에 없습니다.

이번 특별법으로 일단 지방행정체제의 물꼬를 열자는 데 의미를 두는 분들도 계시는 것으로 압니다. 그러나 옛말에 "첫 단추를 잘 꿰어야 한다."고 하지 않았습니까? 지방행정체제 개편 필요성이 인정된다고 해도 정치권이 모든 것을 일방적으로 결정하고 주민 입장을 외면한다면 이는 결코 성공할 수 없습니다. 국가적 과제는 국민들의 광범위한 지지와 동의가 전제될 때에만 성공할 수 있기 때문입니다.

따라서 지방행정체제 개편에 관한 특별법안은 앞으로 더 깊은 고민과 국민의 생생한 요구를 담아내야 할 것입니다.

경청해 주셔서 감사합니다.

- 제18대국회 제289회 제9차 국회본회의 (2010년 4월 28일) 5분 자유발언

장애재판정심사제도,
장애인의 삶을 위협하는 공포기능

장애인복지법 일부개정법률안에 대해 반대토론을 하겠습니다.

본 개정안은 장애인의 장애 인정과 장애등급 사정이 적정한지를 확인하는 업무를 국민연금공단에 위탁하여 시행하도록 규정하고 있습니다. 하지만 이는 이중의 심사 규정으로 장애인에 대한 인권 침해적 소지가 있습니다. 현재 장애인 등록은 의사에게 진단을 의뢰하여 동사무소에 등록 신청을 하도록 되어 있습니다. 그런데 장애 재판정 위탁심사는 보건복지가족부의 지침대로 장애인 등록을 마친 사람들을 대상으로 한 번 더 심사를 진행하는 것입니다.

만약 장애인 등급 판정이 석연치 않다면 초기 등록 절차에서 객관적 절차와 기준을 마련하면 될 것입니다. 이미 복지부의 절차대로 등록을 마친 사람을 가짜 장애인으로 취급하여 모욕감을 주는 것은 온당치 않습니다. 이는 중증장애인에 대한 서비스를 줄이려는 의도가 있는 것입니다. 장애 재판정 위탁심사는 그동안 시행규칙에 의거해서 진행되었던 것으로 시행 과정에서 여러 문제점들이 지적되어 왔습니다.

가장 큰 문제는 이와 같은 재판정 절차를 통해 중증에서 경증으로 하향 조정된 경우가 많고, 이처럼 등급이 하향 조정된 장애인의 경우 복지 서비스를 제공받을 수 없게 된다는 것입니다. 2009년 장애 재판정 심사를 통해서 중증 대상에서 경증으로 하향된 경우는 2만 1000여 건으로 전체 신청 건 중 31.5%나 되었습니다. 혼자서 거동이 전혀 안 되는 뇌병변장애인이 2급으로 하락되어서 활동보조 서비스가 중단되는 사례도 있습니다.

장애인들에게 장애 재판정 심사는 현재의 삶을 위협하는 공포로 기능하고 있습니다. 심지어 재판정 심사에 필요한 진단서 등의 비용을 개인에게 부담시키고 있습니다.

경기도에 사는 뇌병변장애 1급 정 씨는 장애인활동보조서비스 신청하자 장애등급 재심사를 받으라고 요구되었고, 뇌병변장애인 필수검사에 포함된 CT촬영비 9만 8000원 등 15만 5000원을 냈습니다. 정씨는 장애수당을 포함해서 월 50만 원을 받는 기초생활수급자입니다. 한 달 생활비의 3분의 1을 검사비로 내야만 했습니다. 정 씨처럼 소득이 거의 없는 장애인들에게 장애 재판정 심사를 받을 때 소요되는 비용은 너무나도 큰 부담입니다. 또 서비스 신청을 해도 등급 심사 기간 동안 서비스 자격을 제한하는 등 일방적 집행으로 장애인의 고통이 쌓여 왔습니다. 이에 장애등급 재판정 심사를 법률에서 규정하여 고착화하려는 본 개정안에 대해서 반대합니다.

다시 한번 말씀드리지만 장애 재판정 위탁심사는 장애인들에게 제공되는 서비스를 제한하고 엄격하게 운용하기 위한 목적이 있는 것으로 장애인을 잠재적 범죄자 취급하는 인권침해이며 이중 규제입니다.

존경하는 선배 · 동료 의원님 여러분!

현명한 판단을 부탁드리겠습니다.

감사합니다.

- 제18대국회 제289회 제9차 국회본회의(2010년 4월 28일)
장애인복지법 일부개정법률안 반대토론

화학적 거세제도,
성폭력범죄에 대한 왜곡된 인식을 초래합니다

민주노동당 곽정숙 의원입니다.

성폭력 범죄자에 대한 화학적 거세 치료요법 도입을 위한 상습적 아동 성폭력범의 예방 및 치료에 관한 법률안에 반대합니다. 상습적 성범죄자나 성도착자에 대한 재범 방지 대책의 하나로 화학적 거세를 도입하고자 하는 제안 취지에 대해 이해하지 못하는 바는 아니나 이는 오히려 성폭력 범죄에 대한 왜곡된 인식을 초래할 여지가 높습니다. 성폭력 범죄는 비이성적 성욕을 가진 극소수의 괴물에 의해서만 발생하는 것이 아닙니다. 아는 사람에 의해서 발생한 성폭력 범죄가 85%에 달하고, 성폭력 범죄자는 사회적 지위가 높기도 하고 평범한 보통 사람이거나 친절한 사람이기도 하며 때로는 가장 가까이에 있는 친족이기도 합니다.

작은 성폭력에 대해 지나치게 허용적인 사회적 분위기가 강력 범죄를 야기하고 있는 것이 현실입니다. 화학적 거세 방안은 성폭력을 사회구조적 문제라기보다 가해자 개인의 범죄, 성기 중심 강간 범죄로 인식하는 편견에서 비롯된 것입니다. 또한 현대사회에 다양한 형태로 나타나고 있는 성범죄는 가해자의 성기 발기 억제나 성욕 저하만으로 예방 가능한 것이 아닙니다. 미국 캘리포니아주 등 해외에서 성범죄자에게 투여하는 약물은 남성 피임용으로 사용되는 일종의 여성호르몬제입니다. 투여 기간 동안의 억제는 가능할 수도 있으나 약물 투여를 중단할 경우 재범 가능성은 여전히 존재합니다.

존경하는 선배·동료 의원 여러분!

강력 범죄자에 대한 강력한 처벌은 당장은 효과가 있어 보이지만 재범 방지에는 징벌적 성격의 처분이 능사가 아닙니다. 오히려 이들이 지역사회에 복귀하여 일반인들과 융화할 수 있도록 하는 방안이 중요하게 고려되어야 합니다. 성범죄 대책이 성범죄자의 위험성만을 강조하여 강력한 처벌과 지역사회와의 격리에만 중점을 둔다면 이들은 결국 사회에 적응하지 못하는 외톨이가 되어 더욱 흉악한 범죄자로 전락하게 될 것입니다. 재범 방지에 더욱 효과적인 교정 프로그램이 활성화되어야 할 것입니다. 수감 기간 동안 성범죄자의 인격·성격 장애를 완화하거나 제거하기 위한 종합적이고도 전문적인 교육·치료 프로그램이 활성화되어야 합니다. 충분한 교육 시간 확보, 재범 방지 프로그램 개발, 전문가 양성 등 해야 할 과제가 너무나 많습니다. 모든 성폭력사범에 대해 의무적으로 교정 프로그램을 실시하고 시간 및 내용을 강화해야 합니다. 이러한 프로그램을 실질화하는 것이 법치국가 원칙에 부합하고 인권 친화적이며 무엇보다 재범률을 낮출 수 있는 증명된 방법입니다.

존경하는 선배·동료 의원 여러분!

전자발찌 도입, 양형 기준 상향 조정, 범죄자 신상 공개 등 아동 성폭력 대책이 쏟아지는 가운데 실질적 대책이 되지 못하고 있다는 국민들의 질타도 쏟아지고 있습니다. 법안을 통과시키는 와중에도 성폭력 범죄는 계속되었습니다. 시선을 돌려 좀더 근본적인 대책이 무엇인지 바라봐야 합니다. 우리 사회의 왜곡된 성 인식을 바로잡아 가기 위한 대책이 선행되어야 합니다. 또한 획기적인 지역사회 안전 시스템이 마련되어야 합니다.

의원 여러분!

성폭력 범죄의 원인을 특별한 범죄자의 비이성적인 성욕으로 보는 화학적 거세 제도 도입에 반대해 주십시오.

- 제18대국회 제291회 제8차 국회본회의(2010년 6월 29일)
상습적 아동 성폭력범의 예방 및 치료에 관한 법률안 반대토론

장애인 예비후보자에게도 활동보조인을 지원해야 합니다

민주노동당 곽정숙 의원입니다.

장애인 예비후보자의 피선거권 보장과 단식 농성에 삭발까지 해야 하는 장애인 부모님들의 절박한 심정에 대해서 말씀드리겠습니다. 요즘 대한민국은 공정사회 열풍에 빠져 있습니다. 본 의원은 뒤늦은 감이 없지 않지만 이명박 대통령을 비롯한 현 정권이 정말 진심으로 공정사회 풍토를 조성해 줄 것을 요청하겠습니다. 그런데 공정하다는 것이 무엇입니까? 여러분께서 다 알다시피 '공평하고 올바르다' 이런 뜻입니다. 하지만 우리 500만 장애인에게 공정사회는 아직 먼 나라 얘기 같습니다. 지난 6월 2일 지방선거 당시 장애인 예비후보자들은 활동보조인을 둘 수 없었습니다. 중앙선거관리위원회는 '활동보조인이 후보자만을 위한 것이지 예비후보자를 위한 것은 아니다'라고 공직선거법을 해석했기 때문입니다.

이에 민주노동당은 국가인권위원회에 진정을 제기하였고 지난 8월 26일에 국가인권위원회는 6·1지방선거 당시 예비선거 활동에 있어서 비장애인 예비후보자와 차별이 발생하였으며 이는 장애인 예비후보자의 참정권을 차별하는 것이라며 공직선거법 개정을 국회에 권고하였습니다.

그리고 본 의원은 최근 장애인 예비후보자의 피선거권을 보장하기 위한 공직선거법 일부개정법률안을 대표발의 했습니다.

존경하는 의장님, 그리고 선배·동료 의원 여러분!

우리 국회는 국가인권위의 권고를 즉시 실천해야 할 것입니다. 이번 회기 내에 공직선거법 개정해 주실 것을 다시 한번 간곡히 요청드립니다. 추석이 이제 1주일도 남지 않았습니다. 1년 365일이 한가위만 같아라 라고 합니다. 그런데 요즘 우리 장애인 가족들은 참담함에 몸을 가누기조차 힘듭니다. 정부가 장애인 연금 도입, 활동보조서비스 신규 신청 등을 이유로 장애인 등급 재심사를 진행했습니다. 등급심사 비용 전액을 장애인이 부담하는 것도 문제지만 심사 결과 39.6%가 등급이 하락되어서 활동보조서비스가 중단되는 사태가 속출되고 있습니다. 그래서 많은 장애인 당사자들이 지금도 단식을 하면서 농성을 하고 있습니다.

장애 당사자에게 활동보조서비스는 집 밖 세상을 드나들게 하는 통로일 것입니다. 그런데 현 정부의 반장애인적인 행정 추진으로 활동보조서비스가 절대적으로 필요한 장애인이 2급으로 탈락하면서 집안에 갇히게 되었습니다. 선별된 소수에게만 사회와 소통할 좁은 문을 열어주겠다고 하는 것입니다. 이것이 이명박 정권의 복지이고 친서민 정책입니까? 장애인을 대상으로 한 생사의 저울질을 이제 그만 중단하셔야 할 것입니다.

이명박 대통령께 간절히 호소합니다. 지금이라도 늦지 않았습니다. 현재 시행되고 있는 장애등급제도를 전면 수정 또는 폐지하십시오. 적어도 활동보조서비스 원하는 대상자 모두에게 지원할 수 있도록 확대해야 할 것입니다. 활동보조서비스는 장애인 당사자 스스로가 선택할 수 있는 것이지 국가가 제도가 '너는 서비스를 받아야 된다'라고 지명 할 수 있는 사안이 아닙니다. 등급 하락으로 인해서 피해자가 몸이 스톱되고 활동이 정지되는 일이 있어서는 안 됩니다. 여기에 대한 긴급한 그리고 안전한 개선책을 내어서 진행하실 것을 다시 요청드립니다.

장애인들의 반발을 이명박 대통령께서는 무마하기 위한 차원에서 논의되고 있는 활동보조서비스 대상자 소폭 확대, 심사비용 소액 지원, 등급 하락자들에 대한 이의신청 방법 공지 등 우리 장애인들을 기만하는 술책으로 현실을 모면하려 해서는 안 될 것입니다.

존경하는 의장님, 또 선배 · 동료 의원 여러분!

지난달 중순 장애인 부모들이 장애인 가족 지원을 위한 장애인복지법 개정 청원을 저의 소개로 국회에 제출했습니다. 이제 국회가 이 부분도 장애인 부모들의 처절한 이런 요구에 대해서 답을 해야 할 것입니다.

여러분들의 진정한 답을 다시 한번 요청드리겠습니다.

경청해 주셔서 감사합니다.

- 제18대국회 제294회 제3차 국회본회의 (2010년 9월 16일) 5분 자유발언

사회안전망강화를 위해 국민기초생활보장제도를 속히 개선해야 합니다

지난 연초 모든 사람들이 '새해 복 많이 받으십시오'라는 인사를 나누고 있을 때 죽음을 선택한 60대 노부부가 있었습니다. 다른 사람들은 희망찬 새해를 기대했지만 이분들은 새로운 해를 맞이하는 것조차 두려웠나 봅니다. 기초생활수급자였던 노부부가 남긴 유서에는 '수급비 가지고는 생활이 안 돼 죽음을 선택한다'라고 쓰여 있었습니다. 노부부가 받은 기초생활수급비는 43만 원이었습니다. 그런데 방세만 해도 30만 원이었다고 합니다. 남편은 공무원으로 일하다 퇴직한 후 택시를 운전하였으나 사기를 당해 수억 원의 빚을 져 개인택시마저 팔아야 했고 부인은 무릎수술을 받아 병원비 지출이 많았다고 합니다. 고작 43만 원의 생계급여에서 지하 셋방 월세 30만 원을 내고서 남은 돈 13만으로는 빚을

갚고 약값을 대기는커녕 최소한의 생계도 유지하기가 어려웠을 것입니다.

지금 우리는 너도나도 복지를 이야기하고 있습니다. 진짜 복지가 무엇입니까? 어려운 사람들, 살아 보고자 하는 사람들이 희망을 갖고 살아갈 수 있는 사회를 만드는 것 아니겠습니까? 다시 말하면 사회안전망을 강화해야 한다는 것입니다. 사회안전망을 강화하는 가장 시급한 일로 제일 중요한 방법은 국민기초생활보장제도를 개선하는 것입니다.

먼저 최저생계비를 현실화해야 합니다. 비현실적인 최저생계비의 문제는 하루 이틀 된 지적이 아닙니다. 2011년 최저생계비가 2010년보다 5.6% 올랐다고 하지만 여전히 현실성이 떨어집니다. 1999년 최저생계비는 도시근로자 가구 평균소득의 40.7% 수준이었지만 2008년 최저생계비는 30.9% 수준으로 매우 낮아졌기 때문입니다. 지금은 격차가 더 커졌을 것입니다. 최저생계비는 전년 대비 상승률이 중요한 것이 아니라 상대적 수준이 중요합니다. 상대적 빈곤선을 도입하여 최저생계비를 현실화해야 합니다.

다음으로는 부양의무자 기준이 개선되어야 합니다.

극심한 생활의 고통에 처해 있지만 기초생활수급자가 되지 못하는 이들이 103만 명이나 있습니다. 정부도 이런 문제를 인식하고 있어 2009년도에 한시적으로 생계보호를 실시한 바 있습니다. 당시 생계보호를 받았던 가구 10가구 중 8가구는 65세 이상이었습니다. 또 가구 중 98%가 월소득이 60만 원 미만이었으며 심지어 67%는 월소득이 10만 원 미만이었습니다. 이들은 현행 소득재산기준으로도 모두 기초생활수급자가 되어야 하지만, 단 1.6%만이 수급자로 선정되었습니다.

바로 부양의무자 기준 때문입니다. 기초생활수급자 선정기준에서 부양의무자 기준은 폐지되어야 합니다. 지금 국회에는 이러한 문제점을 개선하고자 여야 의원님들이 제출한 국민기초생활보장법 개정안이 여러 건 계류되어 있습니다. 국민기초생활보장법 개정안의 조속한 처리를 촉구합니다.

2009년 우리나라 조세부담률은 19.7%로 OECD 회원국 평균 조세부담률 26.7%에 아주 못 미칩니다. 부자감세를 철회하고 적극적 증세를 통해서 복지에 필요한 재원을 확보해야 할 것입니다. 당장 4대강 사업을 중단하고 그 재원을 사회안전망 강화에 사용한다면 103만 명에 달하는 빈곤한 노인, 장애인, 아동의 삶이 변할 것입니다. 더 이상 생활의 고통으로 세상을 등지는 분들이 이 땅에 단 한 사람도 없기를 진심으로 기원합니다.

돌아가신 노부부의 영전에 삼가 조의를 표합니다.

- 제18대국회 제296회 제1차 국회본회의 (2011년 1월 13일) 5분 자유발언

4부

기고문

당신은 나였습니다

'사무치게 그립다'는 말이 무슨 의미인지를 깨닫게 된 건 어머님을 여의고 난 후였습니다. 생전에도 늘 보고 싶었던 얼굴은 어머니! 멀지 않은 곳에 살면서도 자주 찾아뵙지 못하였던 어머니, 그 어머니를 다시는 볼 수 없다는 사실 때문에 가슴이 저립니다.

"아이고 내 새끼 잘 잤능가"

유년에 내가 잠깨어 듣는 음성은 포근하고 따뜻한 사랑의 소리였습니다.

그 음성이 듣고 싶어 미칠 것 같습니다.

"아가 어디가 아프냐. 어서 업자"

학교에서 쓰러져 있기 일쑤였던 나를, 슬픈 눈빛으로 달려와 업으신 따뜻하고 축축한 어머니의 등이 그립습니다.

아버지와 함께 영화 보러 가실 때면 형제들 몰래 불러내 다 커버린 딸을 등에 업고 콧노래 부르며 어른들 보는 영화를 개의치 않게 보여 주셨던 그 등에 묻히고 싶습니다.

"부른데 어서 먹어라"

여중생인 나는 토라져 아침밥을 먹지 않은 채 학교에 갔습니다. 추운 겨울 점심시간에 맞춰 라면을 끓여 가슴에 품고 부르새라 달려와 내어 놓으시며 하신 말씀입니다. 겁난 마음으로 점심시간까지 기다리다가 품은 뜨거운 냄비로 타 버렸을 그 가슴에 안기고 싶습니다.

"이건 숙이 밥이다"

육남매 자식들 중에 특별대우로 언제나 위로 떠올라 있던 보리쌀 걷어 아래 있는 쌀밥을 떠주며 식을새라 어서 먹어라 재촉하시던 그 민망한 사랑에 내 가슴은 행복했습니다. 그 특식을 먹고 싶습니다.

"내 딸은 똥 밖에 버릴 것이 없어"

자식 자랑하는 부모는 팔불출이라지만 내 어머니는 언제나 누구 앞에서나 가슴을 펴고, 나를 못하는 것이 없는 최고의 딸로 자랑하였습니다. 그래서 나는 이렇게 자족하며 존귀한 자, 행복한 자로 살고 있습니다. 못하는 것이 없는 딸을 웃음으로 보고 계실 어머니가 그립습니다.

병마로 허약하고 장애를 가진 딸을 향한 어머니의 애잔함과 아픈 가슴은 피멍이었거늘 나를 부를 땐 언제나 맑고 부드러웠습니다. 아픈 자식이 깰새라 걷어찬 이불 가만히 덮어주곤 가만가만 새벽을 나아가신 어머니의 기도가 지금도 들립니다. 가장 약하기에 가장 큰 사랑을 받아 내 몸에는 그 큰 사랑이 배어 있습니다.

아무것도 안하시고 옆에 누워계시기만 해도 되는 당신.

그렇게 계실 수만 있었으면 얼마나 좋을까.

그리움이 사무칩니다.

스쳐지나듯 생생하게 떠오른 그 얼굴 미칠 듯 사무치게 그립습니다.

이제 나를 말해 줄 사람이 없습니다.

언제 어떻게 태어나 내가 어떤 모습이었는지 내가 나를 알기 전 너무 잘 아셨던 당신이 없어 물어볼 수가 없습니다.

나보다 나를 더 잘 아시는 나의 어머니 당신은 나였습니다.

2008. 4

〈전남일보〉 '어머니! 아 나의 어머니!'

여러분의 지지로 18대 국회활동 승리하겠습니다

샬롬!

늘 실로암을 기억하며 기도와 사랑으로, 어려운 중에 물질로 그리고 땀 흘리며 몸을 내어 봉사활동으로 장애인을 섬기는 실로암 가족 여러분!

여러분을 그리워 하다가 오늘에서야 곽정숙 의원 인사드립니다.

날마다 보아도 좋은 대촌들녘을 갑자기 떠나 여의도로 온지 벌써 4개월이 되었습니다. 제가 국회의원이 되어 여의도에 오게 된 것이 준비되지 않은 채 갑자기 일어난 일인 듯 여겨지지만 하나님께선 차분히 준비하셨던 것 같습니다. 그래서 부족함이 많지만 그 분을 의뢰하며 지혜와 능력을 구하며 성실히 의정활동에 임하고 있습니다. 자연을 좋아하는 저는 바쁜 일정 중에 틈내어 늦은 밤 한강변을 거닐기도 하며 여의도생활에 익숙해지고 있습니다.

서울에 올라와 살다보니 마음이 훨씬 부산하게 되는군요. 촛불 한 가운데서 촛불의 마음을 읽으며 마음이 에이기도 하지만 때론 희망을 읽으며 나라 걱정에 밤을 뒤척입니다. 이 나라 대한민국의 정치가 바로 나의 책임으로 다가와 긴장과 부담감이 이어지기 때문입니다. 수많은 선택과 결정, 연구에 밤잠을 설치지만 국민의 뜻을 반영하여 조금씩 나아질 것을 기대하며 웃음을 잃지 않으며 최선을 다하고 있습니다.

그간 20여년을 실로암과 함께 장애인의 보다나은 삶을 위해 살아왔습니다. 그 삶의 여정은 뜨거운 눈물과 웃음이며 날마다 감동의 삶이었습니다. 참 행복했습니다. 지금도 여전히 장애인 당사자 의원으로 장애인이 차별받지 않고 완전한 사회참여자로 당당히 살아갈 수 있도록, 그리고 소수자, 여성, 노동자, 농민, 중소상공인, 등 국민 모두가 서로를 존중하며 평등하게 살아가는 행복세상을 만들기 위해 최선을 다하고 있습니다.

국회의원은 정책을 입법화하여 정부가 시행하도록 하는 사람입니다. 하여 국민의 뜻을 잘 헤아려야함은 두 말 할 여지가 없습니다. 또한 국회를 통한 그 국민의 뜻을 정부가 제대로 이행할 수 있도록 통제하는 책임이 있기에 국민 여러분이 마음 놓고 생업에 종사하도록 국민의 눈을 대신하여 두 눈 부릅뜨고 정부를 견제할 것입니다.

특별히 이번 18대 국회를 통해 저는 보건복지상임위원회와 여성위원회 위원 활동으로 보건의료, 장애인, 노인, 아동, 청소년 및 보육, 가족 등 사회적으로 힘들고 약한 사람들 편에 서서 우선하는 법제개정들을 준비하고 있습니다. 장애인 10% 할당을 담은 공직선거법개정, 의사결정기구참여와 차별화된 지원을 담은 여성장애인지원법, 장애인연금법, 장애인장기요양보장법 등을 제정하고, 최저생계보장을 위한 법률, 건강보험보장성강화 및 무상의료관련법안 등을 개정하려 준비하고 있습니다. 이를 위해 민생현장에 직접 찾아가 귀를 기울이며 전문적 소통구조를 만들어 충분한 소통과 연대로 소수의석의 한계를 극복하고 국민 모두가 참여하는 거대전략으로 나아갈 것입니다.

'우리'라는 공동체로 함께 있는 여러분께서 늘 그랬던 것처럼 실로암에 힘을 보태주시고 저를 지지해 주시길 부탁드립니다. 그 힘으로 18대 국회활동에서 승리하겠습니다. 많이 보고 싶고 그리운 여러분, 늘 건강하시고 행복하십시오.

실로암재활원 소식지 〈우리〉 2008년 여름호

일본은 위안부 문제, 사죄와 배상으로 진실의 역사 · 평화의 미래로 나아가야 한다

지난 11월 23일부터 25일까지 '제9회 일본군위안부문제 아시아연대회의'가 '세계와 연대하여 일본군위안부문제의 즉시 해결을 일본정부에게 요구한다!'라는 부제를 달고 일본 도쿄에서 한국, 대만, 필리핀, 중국, 동티모르, 인도네시아, 미국, 캐나다, 일본이 참여한 가운데 진행되었다.

그간 이 연대회의는 1992년 이후 국제연대운동을 통해 위안부문제에 대해 일본의 사죄와 배상을 촉구하는 활동을 해왔고 2007년 7월 30일 미 하원의회에서 일본군위안부피해자에게 공식사죄하고 법적배상하라는 위안부문제결의안 '121Coaliton'이 채택되고 네델란드, 유럽연합, 캐나다, 유엔인권이사회, 한국, 대만, 필리핀 등 국제사회가 결의안을 채택하게 하였다.

이 결의안을 채택한 국가의 의원들을 초청하였기에 나는 한국의 국회의원으로 참여하게 되었다. 한국은 국회여성위원회의를 거쳐 지난 10월 27일 국회 본회의에서 '일본군위안부피해자명예회복을 위한 공식사과 및 배상촉구결의안'을 의결한 바 있다.

결의안을 채택한 모든 나라 의원들이 참여하지 못한 아쉬움이 있었지만 가해국인 일본의 정당대표와 의원들을 만나고 각국의 피해당사자와 NGO활동가들의 열정 넘치는 결의들을 보며 일본을 압박하는 국제사회의 연대의 힘을 느낄 수 있었다.

일본의회는 8회째 '전시성적강제피해자문제해결촉진에관한 법률안' 채택을 부결시켰지만 일본내 다카라즈카시 등 3개 지방자치단체에서 결의안을 채택하고 소수이지만 반성하는 진보단체들, 그들은 일본을 포기하지 않고 일본의 미래에 희망을 잡고 있었다.

일본은 가슴 후려패는 피해자들의 증언, 살아있는 증인이 있는 진실을 언제까지 외면할 것인가?

일본은 더 이상 적당히 넘어가려는 모독을 덮고 조직적, 집단적, 국가적 잔인무도한 성범죄에 대해 고해성사 해야 한다. 피해자의 요구에 국가적 책임을 다 해야한다.

고령의 피해자, 즉 용서할 수 있는 사람이 급속도로 세상을 떠나가고 있다. 일본이 용서받을 시간이 얼마 남지 않은 것이다. 시간이 없다. 즉시 사죄하고 배상해야 한다.

일본은 미래의 세대에게 부끄럽고 지탄받는 역사를 줄 것인가? 아니면 잘못을 인정하고 책임을 다하는 용기있는 역사, 다시는 반복된 악행을 않겠다는 평화의 선언을 줄 것인가?

돌아오는 길은 성폭력과 인권유린을 거부하고 인간의 존엄성을 지키며 전쟁을 거부하고 평화를 안은 희망의 전율로 뜨거웠다.

2009. 11.
〈진보정치〉

사랑하는 후배들에게

안녕하세요. 저는 일하는 사람들에게 희망을 주는 민주노동당 18대 국회의원 곽정숙입니다.

지금 이곳 여의도 대한민국국회 임시국회 현장은 시베리아바람보다 세찬 냉기가 가슴을 에이는 듯합니다.

국가와 국민을 잘 살게 해달라는 국민의 여망으로 국회의원이 된 299명의 사람들, 대화와 타협, 공론의 장이 아닌 독선과 폭력이 난무한 난장판을 여러분께 보이고 있습니다.

국회의원의 한 사람으로 참담하고 부끄럽습니다. 하지만 옳지 않음을 방관하고만 있을 수 없어 싸워야하는 정치현실을 이해해주실 것을 부탁드립니다.

모교에서 날아온 뜻밖의 원고요청에 놀랐지만 교장선생님의 관심과 애정에 고마운 마음이 들었고 그리운 여중시절을 떠올리게 되어 글을 쓰게 되었습니다.

저는 중학교 3년의 시절을 4년에 마쳤습니다.

다섯 살 때 찾아온 척추장애인의 삶은 학교생활도 늘 숨 가쁘고 힘겨웠습니다. 가방을 들 수 없어 언니와 친구들이 들어주기도 하였고 책을 넣지 못한 채 노트 한권만 든 가방을 들고 다니기도 하였습니다. 그래도 견디기 힘들어 결국 휴학을 해야 했습니다. 그 덕분에 동창생이 두 그룹이 생기기도 했지만 일년 동안 병석의 기간으로 함께 공부하던 친구들과 떨어지기도 한 가슴 아픈 추억이 있습니다.

어느날은 바람이 세게 불어 걸어갈 수 없어 전봇대를 붙잡고 긴 시간 서 있어야 했던 적도 있습니다.

소풍 갈 때나 체육시간에도 친구들과 함께하지 못한 채 홀로 앉아있기만 했던 슬픈 추억들도 있구요. 어느 날은 음악교실로 이동하다가 올려다 본 가을하늘이 너무 푸르러 그 자리에서 눈물을 짓기도 했습니다. 그리 아름답던 교정들, 그리운 친구들이 보고 싶습니다. 열정과 애정으로 가르치는 선생님의 눈을 직시하며 배움으로 즐거웠던 시간도 기억납니다. 그렇게 공부했던 때가 행복했던것 같습니다.

지금도 여전히 대화속에서, 책속에서 배워가며 배우는 것이 얼마나 큰 행복인지를 깨닫습니다.

후배 여러분!

배우는 즐거움, 알아감의 기쁨을 누리시고 그 속에 빠져 삶을 즐기십시오.

그리고 그것들을 하루하루 삶의 현장에서 구체적으로 행동해보세요. 미래의 삶에서 자신감과 확신이 생깁니다. 무엇이든 자유롭게 경험하고 마음껏 노래하고 춤추며 자연과 생명을 감상하고 친구들과 많은 추억도 쌓으십시오. 어른이 되었을 때 하나하나 꺼내어보는 재미가 솔솔 하답니다. 나중에 후회가 되지 않도록 마음껏 뒹굴고 뛰세요. 제 학창시절 큰 아쉬움은 마음껏 뒹굴지 못했다는 것입니다. 더 아프더라도 뒹굴다가 죽더라도 그렇게 살아봤어야 했습니다.

그 후 죽었다싶은 아픔과 고통의 시간을 거치며 더 이상의 고통과 두려움은 없어졌습니다. 그 고통의 경험은 제게 능력이 되었고 국회의원의 자리에 오게 하였던 것입니다. 내 앞에 나타난 고통이 있다면 그것도 피하지 말고 부딪히는 경험을 해야 합니다. 인간은 경험해보지 않은 것을 알 수 없는 한계가 있습니다.

수많은 아프고 연약한 사람들의 고통, 장애인의 고통은 내가 경험한 고통이었기에 그 고통이 내 고통이 되어 그 고통의 입장에서 함께하고 그 고통을 줄이기 위한 제도개선과 사람들의 인식변화를 위해, 그리고 생명을 존중하며 희망을 갖고 살아가는 세상이기를 기대하며 움직이게 되었습니다.

사람이 사람을 어떠한 이유로든 차별하지 않고 평등하게 대우하며 존중히 여길 때 그 개인과 사회는 행복할 수 있습니다. 그 행복한 세상을 향해 저와 여러분이 함께 달립시다.

사랑하는 후배 여러분!

정치도 중요한 삶의 현장입니다. 중학교시절에도 정치에 많은 관심을 기울여야 합니다. 신문과 뉴스를 열심히 보며 역사와 정의를 배우고 정치의 중심이라 할 수 있는 국회에도 견학오세요. 여러분 중에서도 훌륭한 정치인이 배출되기를 바랍니다.

지난 여름 촛불소녀들에 의한 촛불모임의 시작과 중고생들의 참여는 민주주의를 지키는 거대한 힘이되었습니다. 여러분이 움직이는 것이 역사이기에 여러분은 역사의 주인공입니다. 저와 함께 멋진 역사의 장을 펼쳐갑시다.

기회를 만들어 주시면 여러분을 만나러 가겠습니다.

학교의 발전과 여러분의 발전을 기원합니다.

2008. 12

〈영산포여자중학교 교지〉

진정한 성평등 사회,
의사결정 과정에 여성 참여율 50%는 되어야

얼마 전 유엔개발계획(UNDP)이 세계여성의 날을 맞아 각국별 여성개발지수(GDI)와 여성권한척도(GEM)를 발표했다.

여성의 교육수준 등을 보여주는 여성개발지수는 26위로 비교적 양호한 편이었지만, 여성권한척도는 108개국 중 68위를 차지해 작년보다 오히려 4계단이나 내려앉았다. 여성권한척도란 국회와 입법기관의 여성비율과 고위 임직원 및 행정관리직의 여성비율, 남녀 소득차이를 평가요소로 하고 있어 정치·경제분야에 여성의 결정권이 어느 정도인지를 말해 주는 성적표이다. 실제로 2008년 전체 성비 가운데 여성의원 비율이 13.7%이고, 여성행정 관리직은 8%에 불과하다.

뿐만 아니라 여성의 경제활동참가율은 2009년 1월 현재 47.8%로 50%에도 미치지 못하고 있다. 대학을 졸업하기까지는 여성과 남성이 공정하게 경쟁을 할 수 있는 구조이지만, 취업부터 여성은 남성과의 경쟁에서 불리한 상황에 놓이게 된다. 무엇보다 일과 가정에 대한 이중책임을 여성 혼자서 부담하고 있는 현실에서 모성보호법안이 제대로 지켜지고 있지 않아 여성은 낙오될 수밖에 없는 구조이다. 여성의 낮은 권한척도에서도 보여지듯 중요한 의사결정 과정에서 여성이 배제되고 있기 때문에 여성은 점점 불공정 경쟁에 처하게 되는 것이 우리의 현실이다.

따라서 우리에게 주어진 과제는 진정한 성평등 사회를 만들기 위해 젊은 여성

리더들이 분발해야 한다는 점이다. 보다 사회참여율을 높이고, 모든 의사결정 기구에 여성과 남성이 동등한 비율로 참여할 수 있는 구조를 만들어야 한다.

진정한 여성 리더는 나와 가정만 돌본다는 사고에서 벗어나, 전체 사회와 나를 동일시해서 공동이익을 위해 애쓰는 사람이다. 내 자식만 소중하다고 감싸는 어리석음을 범하지 않길 바란다. 내 소중한 자식이 함께 어깨를 맞대고 생각을 나누게 될 이웃 아이들의 행복에도 눈을 돌릴 수 있을 때 진정한 리더의 가치는 빛을 발할 것이다.

또 목표를 이루기 위해 수단을 가리지 않는 선택보다는 하나의 선택을 하더라도 양심에 어긋나지 않는 옳은 선택을 통해 자신의 경력을 잘 관리해 나가길 바란다. 경쟁에서 살아남는 것도 중요하지만, 진정 중요한 것이 무엇인지, 우리가 추구해 나가야 할 진정한 가치는 무엇인지 생각의 끈을 놓지 않는 젊은 여성 리더들이 많이 생겨나길 기대해 본다.

경제활동참가율 향상을 비롯해, 여성들의 사회참여율을 높여 여성들이 우리 사회, 정치 · 경제 발전의 주역으로 당당히 활동하기를 바란다.

2009. 3
〈국민대 신문〉 칼럼

보건의료분야에 있어 일자리 창출 방안

얼마 전 모 일간지에 실린 기사 하나가 생각납니다. 미국인들의 간병문제에 대한 이야기입니다. 미국 젊은이들이 부모 간병 문제 때문에 일도 제대로 못하고, 비싼 간병 비용으로 어려움을 겪고 있다는 내용이었습니다. 뉴욕타임즈 기사를 번역해 소개했더군요. 그 기사를 읽으면서 느꼈던 것은 우리나라도 이러한 간병 문제가 점점 현실로 다가오고 있다는 것입니다.

요즘과 같은 경제위기 시대에는 간병의 문제가 개인에게 큰 어려움으로 다가올 수 있습니다. 아직까지 우리나라는 유교적 관습 때문에 부모님 간병을 자식들이 맡아야 한다는 생각이 일반적입니다. 현실적으로 생업을 포기하고 부모님 간병만 하자니 경제적으로 어려움이 따를 것이고, 그렇다고 간병을 소홀히 하는 것도 도리에 맞지 않는 것 같은 생각이 들어 고민이 많을 것입니다. 간병 문제가 개인에게 있어 큰 짐이 될 수 있는 것입니다.

실제 2006년 한국보건사회연구원이 병원급 이상 의료기관 216개를 대상으로 조사한 결과, 입원환자 중 간호사 이외 별도의 간병인이 필요한 환자가 38.5%에 달하는 것으로 조사됐습니다. 이중 40%는 개인부담으로 유료 간병인을 이용한 것으로 나타났고, 나머지 60%는 가족이 간병을 하거나 간병을 포기한 것으로 조사됐습니다.

또한 유료간병인 월 평균 이용일수는 20.3일이었고, 1일 간병료로 4만원을 부담하여 매월 81만 2천원을 간병료로 지출한 것으로 나타났습니다. 병원비까지 생각하면 만만치 않은 부담인 셈이죠.

간병으로 인한 실업 문제도 심각합니다. 지난해 보건의료노조가 한 연구소에 의뢰해 환자 및 보호자 1,254명을 대상으로 실시한 설문조사 결과, 돌보아야 하는 환자가 6개월 이상 입원했을 경우 직장이 있는 보호자의 47.8%가 생업을 포기한 것으로 나타났습니다.

이런 식으로 우리나라 환자들이 유료간병인을 이용하거나 가족이 간병함으로 발생하는 사회적 기회비용은 무려 1조 1,768억 원에 이르는 것이 한국보건사회연구원의 연구 결과입니다.

이러한 결과는 간병 문제를 더 이상 개인의 짐으로 방치해서는 안 된다는 것을 보여줍니다. 이제는 국가가 직접 나서서 간병 문제 해결 방안을 내놓아야 합니다.

사회적 일자리 이야기를 하는데 간병 문제를 이야기하는 것은 간병 문제의 해결이 곧 사회적 일자리와 연결될 수 있기 때문입니다. 간병 문제를 해결하는 것은 사회안전망 강화라는 측면에서 이야기할 수도 있지만, 간병 문제 해결을 위해 필요한 일자리가 크게 늘어날 것이고, 이것이 곧 사회적 일자리로 이어질 수 있습니다.

2007년부터 1년간 시범사업 형태로 운영된 '보호자 없는 병동' 사업은 간병 문제 해결뿐만 아니라 신규 일자리 창출에도 효과가 있다는 결론을 내리고 있습니다.

또한 최근 보건의료노조가 분석한 자료를 보면, 기존 4개 병원을 대상으로 실시했던 '보호자 없는 병원' 시범사업을 확대하여 실시할 경우, 수만 명의 일자리가 새롭게 창출된다고 합니다. 공공병원 64개, 민간병원 100개를 대상으로 시범사업을 실시하면, 총 4만 3,822명의 신규 일자리가 생긴다는 것는 것입니다.

전국 모든 병원을 '보호자 없는 병원'으로 만들면 최대 20만 명의 일자리가 창출된다는 정부 연구보고서도 있습니다. 사회안전망 강화 차원에서의 간병 문제 해결이 일자리 창출에도 도움이 되는, 일석이조의 효과를 낼 수 있는 해결책이라는 점을 단적으로 보여주는 사례라고 할 수 있습니다. 특히 고령화 사회로의 이행 등 우리나라 인구구조의 변화는 보건의료분야에 폭발적인 일자리 수요를 낳을 것입니다. 최근 전 산업별로 고용이 부진함에도, 보건의료분야 취업자수는 2007~2008년 기간동안 5만 9,000명이 증가했습니다. 또한 전체 취업자 중 보건의료분야가 차지하는 비중이 한국은 3.1%인데 반해 독일 11.4%, 미국 7.7%, 일본 8.9%인 것을 감안하면, 보건의료분야는 일자리 창출 여력이 상당하다는 것을 예상할 수 있습니다. 바꾸어 말하면, 현재 우리나라 보건의료분야 인력은 상대적으로 부족한 상황이며, 제도적 보완 등 여건만 마련된다면 사회적 문제가 되고 있는 취업 문제를 상당히 해소할 수 있는 것입니다.

그런 의미에서 지난해 진행됐던 '보호자 없는 병원' 시범사업은 올해에도 계속해서 확대 시행되어야 합니다. 그럼에도 불구하고, 사회적 일자리에 대한 편견은 여전한 것 같습니다. 길거리에서 휴지 조각을 줍거나 담배꽁초를 줍고, 화단을 정리하는 '공공근로'를 사회적 일자리로 이해하는 것이 지금의 현실인 것 같습니다.

사실 사회적 일자리라는 말은 지난 97년 IMF때 나온 말로, 저소득층의 생계보호를 위해 임시적으로 제공된 '값싼 일자리'를 가리키는 것으로 사용되어 왔습니다. 그러나 이것이 점차 변화되어, 2003년 노동부 주도하에 사회적 일자리 창출 시범사업이 시행되면서 기존 '공공근로' 개념의 사회적 일자리는 사회서비스 확충 중심으로 논의가 확대되기 시작했습니다. 그리고 2009년 현 시점에서 사회적 일자리는 사회안전망 확충을 통한 일자리 창출을 의미합니다.

경제위기 시대, 사회안전망의 사각지대에 놓여 있는 서민들을 보호하고, 더불어 일자리까지 창출할 수 있는 사회적 일자리는 현 시점에서 '선택'이 아닌 '필수'입니다.

2009. 4

〈국회공보〉

최저생계비를 올리지 않는 진짜 이유는 무엇일까?

'사상 최저' 최저생계비 인상률의 비밀

2010년 최저생계비가 지난 8월25일 발표되었다. 그 발표에 따르면 4인 가족 기준 136만 3,091원으로 2009년 최저생계비가 132만 6,609원이었으니 이와 비교하여 단 36,482원, 2.75%가 인상된 셈이다. 국민기초생활보장제도가 도입된 2000년 이후 단 한 번도 3.0% 이하로 인상된 적이 없었으니 이명박 정부 들어 사상 최저의 인상률을 기록하게 된 것이다.

'최저생계비'란 '국민이 건강하고 문화적인 생활을 유지하기 위하여 소요되는 최소한의 비용'을 말한다. 그렇다면 2.75%만 인상해도 '건강하고 문화적인 생활'을 유지할 수 있을까? 최저생계비를 더 올리지 않아도 될 만큼 우리의 경제 상황이 좋아진 것일까? 내년이면 이 정도의 최저생계비로도 빈곤층의 생활이

어느 정도 살만한 수준이 될까?

어느 누구도 이와 같은 질문에 자신 있게 고개를 끄덕일 수 없다. 오히려 국민기초생활수급 당사자들과 이야기를 나눠보면 턱없이 낮은 최저생계비에 대한 문제제기를 쉽게 들을 수 있다.

1인 가구 최저생계비 49만원에서 현물로 지급되는 의료비 · 교육 · TV 수신료 등을 빼고, 현금으로 받을 수 있는 생계급여의 최대치는 40만 원 가량 된다. 단신의 빈곤층이 많이 거주하고 있는 '쪽방'의 월세는 15만원, '고시원'은 20여 만원이나 되니 20만원 남짓으로 한달을 살아가야 하는 형편이다.

어쨌든 이런 현실과는 달리 보건복지가족부는 소비자물가상승률이 올해 7월 들어 1.6%를 기록하는 물가상승률이 연초보다 낮아진 것을 근거로 하여 내년에는 물가가 안정될 것으로 예상하고 있는 듯 하다. 하지만 이에 대해 전문가들은 다른 의견을 제시하고 있다.

이 수치는 전년 동월 대비 상승률로 작년 7월의 소비자 물가 상승률은 5.9%로 9년 7개월 만에 최고치를 기록한 해라는 것이다.

즉, 전년 동월과 비교하는 물가 동향이 빈곤층의 실생활에 있어서 큰 의미를 가지지 않는다는 것이다.

2.75%의 인상률 근거조차 명확치 않아

실제로 생활물기 상승은 심상치 않은 것으로 나타나고 있다. 소비자 물가상승률이 안정세라는 7월에 채소 가격은 40% 넘게 상승했고, 오징어(19.4%)와 닭고기(17.9%)도 크게 올랐다. 또 지난해 말에 비해 중학생 참고서는 8.5% 올랐고, 학교 급식비도 4.1%씩 상승했다고 하며 '전세 대란'도 심심치 않게 언론에 오르내리고 있다. 심지어 국책은행인 한국은행에서 예측한 내년도 소비자 물가 상승률도 '3%'이다. 내년도 최저생계비 인상 2.75%의 근거조차 명확치 않은 것이다.

최저생계비는 국민기초생활보장법 제6조에 따라 '국민의 소득·지출수준과

수급권자의 가구유형 등 생활실태, 물가상승률 등을 고려하여 최저생계비를 결정'해야 한다. 하지만 현실은 그렇지 않다. 현재 우리나라 최저생계비는 3년마다 계측되며 공익대표, 민간전문가, 관계부처 공무원 등 13인으로 구성된 중앙생활보장위원회의 심의·의결을 거쳐 보건복지부 장관이 매년 9월1일까지 다음 연도 최저생계비를 공표하도록 되어 있다. 중앙생활보장위원회에서 논의될 때 공익대표와 민간전문가가 아무리 열심히 주장해도 정부의 안대로 관철되기 일쑤이다.

최저생계비를 올리지 않는 진짜 이유

지금의 최저생계비는 빈곤층의 실생활이나 실제 물가상승률에 대한 정확한 예측, 심지어 법적 정의와도 별 상관없는 것이다. 최저생존비라는 비아냥이 존재하는 이유이다.

그렇다면 이러한 오명과 문제제기에도 불구하고 최저생계비를 올리지 않는 진짜 이유는 무엇일까?

최저생계비를 올리면 직접적으로는 '국민기초생활보장제도' 수급자도 늘어나고, 수급자들이 받는 급여도 높아진다. 이 뿐만 아니다. 최저생계비는 의료급여, 노인장기요양보험, 장애수당, 장애아동수당 및 각종 사회복지서비스의 선정기준으로 활용되고 있다. 최저생계비를 낮게 잡을수록 정부는 사회복지예산을 감축할 수 있고, 국민들은 그만큼 사회복지서비스를 받을 수 없게 된다. 즉, 2010년 최저생계비 인상률이 사상 최저 수준이라는 것은 사회복지 예산의 긴축과 직접 연관이 되는 것이다.

사회복지예산을 늘릴 생각이 없는 정부는 그 기준선이 되는 최저생계비를 어떻게든 낮춰야 하는 것이다. 역사상 최저의 최저생계비 인상률의 본질은 이것이다. 말로만 '서민정부'를 외치는 이명박 정부의 양면성을 단적으로 드러낸 것이다.

2009. 8. 27

〈민중의 소리〉

사회복지사,
복지사회를 위해 책임있는 주체가 되어야 한다

장애인복지 실천현장

대한민국에서 장애인은 보통 사람이 아닌 소외되고 무시되며 살아야하는 특별한 존재, 차별의 대상이다. 그래서 장애인은 슬프고 절망하며 함께 살아야하는 비장애인과 국민 모두는 불행한 삶, 불행한 시대를 사는 것이다.

'장애인'이라는 이름은 늘 하급의 인생으로 평가되고 그 하류인생들끼리 모여 사는 것이 당연하다고 여기고 있다. 인간에게 급을 매기고 서열화하는 일은 큰 죄악이다. 그 죄악에 나는 장애인 당사자로 답답함과 안타까움을 넘어 분노가 일었다.

그래서 먼저 장애인 당사자들을 만났고 스스로 미약하지만 입을 열고 발을 옮겼다. 끼리끼리 공동체를 일구어 한 솥밥을 먹으며 서로 배워갔다. 그렇게 '함께'라는 사랑과 힘을 얻고 장애인들만의 문을 열어 존재한 모든 인간사회의 영역을 넓혀나갔다. 함께 목욕탕도 가고 시장도 가고, 가는 길이 불편하니 고쳐달라고 요구하고 비장애인들에게 도와달라 하고 영화도 보여주며 시집도 가고 장가도 가고 오순도순 아이 낳아 행복누리며 살아갔다. 돈벌어 쓸 수 있도록 기술도 배우고 일자리도 만들었다. 그렇게 평범한 보통 사람들로 살아갈 수 있도록 한 가운데 서 있음이 나의 장애인복지 실천현장이었다. 지쳐 아프기도 했지만 행복했다.

사회복지학을 공부한 열정

장애인복지 실천현장에서 많은 앎 보다 전문적인 시각이 필요했다. 장애인복지는 장애인만의 문제가 아니었다. 비장애인의 문제이며 아동, 청소년, 여성, 어르신, 등 모든 사람의 문제이며 이동, 노동, 문화, 교육, 경제 등 모든 분야의 문제이기에 사회와 국가 전반의 복지의식과 시스템의 문제인 것이다.

장애인복지라는 나무를 잘 기르기 위해선 국가복지 사회복지라는 숲을 볼 필요가 있다. 그래서 사회복지학의 전문성을 갖춘 광주대학교를 선택하고 이론과 실천과제를 깊이 있게 공부하였다.

실천현장에서의 노하우와 문제의식을 갖고 공부하는 것은 시간적 한계는 있었지만 핵심을 파악하고 실효성 있는, 그리고 비판의식을 갖고 재미와 열정으로 공부할 수 있었다.

공부는 나중에 써 먹기 위해서 하는 것이 아니다. 배움을 현장감있게 적용하고 활용하는 것이다. 사례를 통해 이론을 정립하기 쉬웠고 이론을 통해 사례를 살렸다. 그렇게 공부한 4년의 과정은 "세상을 바꾸는 사회복지사" "인권복지전문가"가 되게 하였다. 이 기회를 통해 가르쳐주신 교수님과 학우들께 감사드린다. 그리고 누구보다도 모든 장애인들, 현장 활동가들께 존경과 감사를 드린다.

여성장애인인권운동

내가 만난 많은 중증의 여성장애인, 그녀들이 가장 하고 싶은 것은 '공부'였다. 그래서 공부할 자리, 학습터를 통해 배우는 즐거움을 누리게 하였다. 여성장애인의 60%이상이 초등학교 학력을 가지고 있다. 여성장애인은 가방 끈이 짧은 것이 부끄러움이었고 그녀들을 움츠러들게 했다. 결혼할 수 없는 사람, 아이를 낳아서는 안되는 사람, 여성이 아닌 그냥 장애인, 무성적 존재로 취급되었다.

"우리는 그렇게 취급되는 존재가 아니다. 약함이 있지만 내가 선택한 것이 아니다. 우리의 모습 그대로 드러내고 당당히 요구하자. 사회와 국가가 책임 있게 이행할 수 있도록 우리가 뭉쳐 조직적 힘을 발휘하자. 여성장애인의 완전한 사회참여를 통해 모두가 행복한 세상을 만들어가자" 외치며 끌고 밀어 연대하며 인간으로 존중받는 세상을 만들어 가고 있다.

수많은 여성장애인들과 함께 있으면 힘이 생기고 희망을 본다.

국회진출

현장에서 활동가로의 정책생산이나 나타난 문제에 대한 개선은 한계를 넘어 무력했다. 아래로부터의 제안은 일각에 무시되고 메아리로 끝나기 일쑤였다. 당사자들의 역량강화만으로는 우리가 지향하는 복지사회로의 변화를 이루어낼 수 없었다.

정책을 입안하고 법률을 제정하는 기관인 국회의원이라는 자리를 통해 사람이 존중받지 못하고 차별되는 법과 제도를 제거하고 평등하고 민주적인, 서민과 약자를 살리는 대안을 만들어가야 함을 깨닫게 되었고 진보정당인 민주노동당을 통해 그 책임을 요구받았다.

민주, 평등, 평화의 세상을 만드는 그 힘은 국민에게 있고 국회라는 통로를 통해 해결해 달라는 장애인당사자와 국민적 요구로 민주노동당 비례대표 1번으로 국회의원이 되었다.

민주노동당은 여성 30% 할당과 장애인 5% 할당제를 당헌당규로 채택하고 있다. 노동자, 농민, 서민의 정당, 무상교육 무상의료 정책으로 국민의 기본적 삶을 사회와 국가가 책임져야할 것을 천명 한 바있다. 이명박정부는 복지를 시장경쟁에 맡겨 공공성을 파괴하고 부익부빈익빈, 약육강식을 조장하는 나쁜 복지를 자행하고 있다. 나는 여기에 맞서 어떤 약자라도 사람이 존중받는 진정한 복지사회, 평등세상을 위해 보건복지가족위원회 위원으로 여성위원회 위원으로 최선을 다하고 있다. 특별히 나의 생활터인 광주는 뗄 수 없는 내 몸과 같아 늘 나의 의정활동의 중심에 광주시민이 있다. 매주 여의도와 광주를 오르내리며 힘을 얻고 희망을 그린다.

후배들에게

나는 사람으로 존중받을 때 행복하고 차별받을 때 분노가 인다. 그리고 배워 깨닫게 될 때 행복하다. 학교에서 교수와 선후배 학우들을 통해 배우는 것은 큰 행복이다.

광주대 후배들이 열정적 토론과 실천학습과정을 통해 이 행복을 마음껏 누리길 바란다. 행복한 세상을 만들어가기 위해서는 그 행복을 맛보고 그 행복을 그릴 수 있어야한다. 복지국가, 복지도시를 마음껏 창조해 내는 복지디자이너가 되길 바란다.

진정한 복지국가를 위해 학생 때부터 책임 있는 주체가 되어야 한다.

열심히 바르게 배우고 비굴하지 않으며 당당히 말하고 함께 행동해야 한다. 그 행동 하나가 학교와 지역, 그리고 국가와 세계를 살릴 수 있을 것이다. 사회복지 20년을 달려온 멋진 광주대인과 성실히 살아가는 대한민국 국민을 존경하고 사랑한다.

2010. 2

광주대학교 사회복지학부(과) 20년사 《세상을 바꾸는 사회복지사》

무상의료 · 무상교육은 20 · 30% 임금인상 효과

전세값 폭등이 심상치 않다. 지난해 서울 아파트 전셋값이 무려 11.96%가 올랐고, 신도시와 수도권도 각각 연간 5.91%, 7.14% 올랐다고 한다. 안 쓰고, 안 먹고 꼬박꼬박 모아도 치솟는 전세값을 따라 잡기조차 버거운 상황이다. 이러니 대출만 늘어난다. 정부가 저소득 가구에게 낮은 금리로 전세자금을 빌려주는 국민주택기금 전세자금 대출은 1월 현재 대출 잔액이 7조 6,000억원으로, 불과 두어 달 전인 10월과 비교해 3,500억 원 이상 증가했다고 한다.

과도한 의료비 부담의 고통도 어제 오늘의 문제가 아니다. 몇 년 전에 있었던, 매달 수천만 원에 이르는 딸아이의 병원비를 견디다 못해 아버지가 딸의 산소호흡기를 직접 떼어 냈던 사건은 온 국민의 가슴을 아프게 했다. 당시 정부가 나서서 의료비 부담을 경감하겠다고, 본인부담 상한제를 도입한다고 떠들어 댔지만 요즘도 1천만, 2천만 원의 병원비로 가계가 파탄 나고 치료를 포기하는 사례는 줄어들지 않고 있다.

교육비 부담은 또 어떤가? 살인적인 대학등록금은 물론, 사교육비 지출이 줄어들 기미를 보이지 않고 있다.

통계청에 의하면 전국 초 · 중 · 고교의 사교육비 규모는 20조9,000억원, 학생 1인당 월평균 23만3,000원에 이른다고 한다. 소득수준에 따라서 적게는 5만4,000원에서 47만4,000원 가량인데 2008년 기준이니 지금은 이보다 더 늘었으면 늘었지 줄지는 않았을 것이다. 주변에서 학원에 다니지 않는 초중고생을 찾아보기 힘든 상황이니 실제 사교육비는 통계청 발표치보다 몇 배에 이를 것으로 짐작된다.

서민들이 생활에서 느끼는 주거, 의료, 교육비 부담은 통계 수치나 언론 보도보다도 무겁다. 지난 1월25일 한국노총이 발표한 표준생계비는 서민들이 체감하는 부담감을 잘 드러내고 있었다.

발표에 따르면 표준생계비 10개 비목 가운데 주거비, 보건위생비, 교육비 3개 비목이 차지하는 비중은 가구(단신, 1인, 2인 등)에 따라 23.6%~34.6%라고 한다.

초등학생 자녀가 2명인 4인 가구의 경우 전체 표준 생계비는 약 478만원이며 이중 주거 · 의료 · 교육비는 약 157만원으로 전체의 32.8%를 차지하고 있었다.

주거 · 의료 · 교육은 국민의 기본권이다. 개인의 소득에 따라, 지역에 따라 불평등이 발생하지 않도록 정책을 만들고, 집행하는 것이 국가의 역할이다. 그런데 기본적 권리에 대한 지출이 가계 지출에서 3분의 1을 차지한다는 것은 기본권 보장이 '개인'에게 온전히 맡겨져 있다는 것이고, 이는 곧 국가가 스스로의 역할을 방기하는 것이다.

이에 대해 오건호(2009)는 '사회임금'의 비중이 높아져야 한다고 주장한다.

노동자가 회사(노동시장)에서 얻는 소득이 '시장임금'이라면, 실업급여, 보육지원금, 기초노령연금, 건강보험 적용 등 사회적으로 얻는 수혜는 '사회임금'으로 불릴 수 있다고 정의하고, 사회임금이 클수록 경제위기로 인한 노동자의 생계불안

위협은 작아지고, 구조조정을 둘러싼 사회적 갈등 비용도 줄어들 수 있다는 주장을 한다.

오건호의 분석에 의하면 2000년대 중반 한국 평균가구의 가계운영비 중 사회임금이 차지하는 비중은 7.9%에 불과하다고 한다. OECD 회원국의 평균 사회임금 비중은 31.9%로 4배에 달한다는데 말이다. 심지어 복지 선진국 스웨덴의 사회임금 비중은 가계운영비의 절반에 육박하는 48.5%에 달한다고 한다.

만약 한국과 스웨덴의 노동자가 같은 임금을 받는다고 가정하더라도 사회적으로 보장되는 것에 이처럼 큰 차이가 있어 삶의 질 자체도 격차가 벌어지게 되는 것이다.

민주노동당은 개별 가구의 부담을 줄이고, 사회임금의 비중을 높이기 위한 방책으로 무상의료, 무상교육을 주장해 왔다.

특히 무상의료는 '의료 영리화'를 막고, 생명을 지키는 의료에 대한 국가의 책임을 높이는 거의 유일한 방법이다.

민주노동당은 '암부터 무상의료'를 주장하여 암 등 중증질환에 대한 본인 부담금을 경감한 바 있다. 비록 예산 확보가 원활하지 않아 본격적으로 시행되지는 않았지만 '동네 병의원 어린이 예방접종 무상실시' 관련 법도 통과되었다.

무상의료는 현실 불가능한 과제가 아니라 여전히 유효한, 국민들의 절박한 필요에 의한 당면 과제이다.

만약 민주노동당의 주장대로 '무상의료·무상교육'이 전격 실현되고, 주거비가 안정화되면 20, 30%에 이르는 임금인상의 효과를 볼 수 있게 될 것이다.

사회적 기반이 공고해 질 것임을 고려하면 장기적으로 그 효과는 더욱 커질 것이 분명하다.

국민들과 진솔하고도 끈끈한 연대를 통해 꿈을 현실화 해 가야 할 것이다.

2010. 2

〈민중의 소리〉

장애인차별금지법 제정 2주년, 거꾸로 가는 MB의 장애인 정책

4월 20일은 제30회 장애인의 날이다.

'장애인의 날'은 장애인들의 권리 회복과 이를 위한 우리 사회의 노력을 다짐하는 날이다. 지난 17대 국회에서 민주노동당의 노력으로 장애인·노인·임산부 등의 편의증진보장에 관한 법률, 장애인 등에 대한 특수교육법, 장애인차별금지 및 권리구제 등에 관한 법률이 제정되는 등 장애인의 날을 30번이나 맞는 동안 제도적으로는 진일보한 측면이 있다.

그러나 장애인의 절대 빈곤률은 비장애인의 4배에 달하고, 경제활동 인구도 전체 장애인의 38%에 불과한 것이 현실이다. 만약 취업을 하더라도 장애인의 평균소득은 비장애인의 월평균 소득의 45%에도 미치지 못하고 있다. 법이나 제도가 마련되었다고 하루 아침에 장애인에 대한 인식이나 편견이 바뀌지 않는다. 더 많은 노력이 필요한 시점이다.

장애인차별금지법 제정 2주년, 법과 제도가 전부는 아니라고 하였지만 사회적 인식은 느리지만 조금씩 진전되고 있는데 반해 정부의 장애인 정책은 거꾸로 가고 있다.

장애인차별금지법(장애인 차별금지 및 권리구제 등에 관한 법률, 이하 장차법)은 2002년 장애계에서 처음으로 제정에 대한 논의를 한 이래 장애계가 단결하여 장애인차별금지법 제정추진연대를 결성하고 전국 순회 투쟁, 수많은 토론, 수많은 간담회를 통해 장애인 당사자들이 법조문 하나하나를 직접 써서 만

든 법이다. 장차법은 6년에 걸친 장애인들의 피눈물 나는 투쟁의 성과로 민주노동당이 입법 발의하여 2008년 4월 제정되었다.

그러나 MB 정부 이후 장차법의 실효성에 금이 가기 시작했다.

국가인권위원회는 장차법과 관련한 사건을 진정 접수, 조사, 권고까지 하는 장차법의 전반을 관할하는 기구인데 국가인권위원회의 인력이 축소되었기 때문이다.

법 제정 당시 인권위는 65명을 더 증원할 것을 요청하였고, 당시 행정안전부는 이 요구를 일부 받아들여 20인 증원을 승인한 바 있다. 그러나 MB정부가 들어서면서 오히려 인권위 조직을 21.2% 축소하여 전체 인원은 40여명이 줄어들었다. 인원은 줄었는데 장애인 차별 금지 진정은 급증하고 있다.

인권위가 밝힌 바에 의하면 장애인차별금지법 시행 이전인 2001년 11월 ~2008년 4월 전체 차별 관련 진정 중 장애 사건이 14%(630건)로 연평균 약 90건 이었으나 2008년 4월 11일 장애인차별금지법이 시행된 이후 접수된 2천778건 중 1천390건(연평균 695건)이 장애를 이유로 한 진정이었다 한다. 약 8배가 증가한 것이다.

법이 시행되어 진정은 급증하는데, 실효성이 확보되려면 관련 인력이 당연히 확충되어야 함에도 불구하고 오히려 줄어들었다. 앞뒤가 맞지 않는 상황이다. 장차법을 무력화하고자 하는 의도가 아니라면 이렇게 할 수는 없는 것이다.

또한 장애인 차별금지법과 상충되는 법안의 정비가 제대로 이루어지지 않고

있다. 그 중 한 가지를 꼽자면, 그동안 장애인의 보험차별에 대한 문제제기가 많았던 상법을 예로 들 수 있다. 2005년 8월 국가인권위원회는 장애인 보험가입의 걸림돌로 작용하고 있는 상법 제732조를 삭제하라고 법무부장관에게 권고한 바 있다. 또한 지난 8월 장애인차별금지법을 적용한 첫 권고 대상도 보험차별로 삼았다. 그때의 사건은 정신장애 3급 윤 모 씨가 상해보험에 가입하려 우체국을 찾았으나 상법 제732조를 근거로 "정신장애가 있는 경우 보험 가입이 곤란하다"는 답변을 듣고 가입을 거부당하자 인권위에 진정한 것이다.

이렇듯 상법 제732조는 장애가 있다는 이유만으로 장애인의 보험가입을 원천적으로 봉쇄하고 있다. 이 법 조항이 장차법과 심각하게 충돌한다고 보아 개정안을 제출하였는데 여전히 통과되지 않고 있다.

상법 개정안은 뚜렷한 이유도 없이 상임위에서 계류 중이다.

장애인의 보험가입에 있어 심각한 차별이 벌어지고 있는 현실에서 그 근거가 되고 있는 상법 제732조는 반드시 삭제되어야 한다. 그리하여 장애인들이 차별 없이 사고와 노후에 대한 대책을 마련할 수 있도록 해야 한다.

이밖에도 장애인 차별 철폐를 위한 과제는 많다. 장애인차별금지법은 공공기관, 각종 기관 및 시설, 기업 등 각 사회분야에서 고용, 교육, 재화 및 용역, 행정서비스 등 전 영역에 걸쳐 장애인에 대한 차별을 금지하고 있다.

장애인 차별금지의 범위가 넓어진 만큼 진정이 늘어났다. 차별 시정이 개개의 사건을 구제하는 것에 그치지 않으려면 정책 권고가 늘어나야 하고, 강력한 영향력을 발휘해야 한다.

장애인 차별 구제 절차는 첫째, 국가인권위원회에 진정과 시정권고, 둘째, 법무부의 시정명령, 셋째, 법원의 구제조치 및 손해배상, 넷째, 형사 처벌이다. 이 중 국가인권위원회 진정, 시정권고를 제외하고는 나머지 제도는 거의 이용되지 않고 있다.

국가인권위원회의 시정권고를 이행하지 않을 경우 법무부 장관이 시정명령을 하도록 하였으며 이를 위해 장애인차별시정심의위원회가 법무부에 만들어졌지만 현재까지 한 건의 시정명령도 없었다. 장애인들이 생활 속에서 느끼는 차별과 괴리가 있는 것이다. 시정명령이 활성화 되어야 법의 실효성이 담보될 것이다.

또한 장애인 차별 시정을 위해서는 사후적인 차별구제도 물론 중요하지만 무엇보다 근본적인 방안은 장애인 차별에 대한 사회 각 구성원의 인식을 개선하여 차별을 사전에 예방하는 것인 바, 이를 위해서는 장애인 인권교육이 필수적이다. 권리구제와 함께 인권교육이 두 바퀴가 되어 굴러가야 한다. 적어도 장애인 차별인지 몰라서 장애인을 차별하는 일은 일어나지 않아야 한다. 이 역시 국가의 몫이다.

장애인차별금지법 제8조는 국가의 책무로 '장애인 및 장애인 관련자에 대한 모든 차별을 방지하고 차별받은 장애인 등의 권리를 구제할 책임이 있으며, 장애인 차별을 실질적으로 해소하기 위하여 이 법에서 규정한 차별 시정에 대하여 적극적인 조치를 하여야 한다.'라고 명시하고 있다.

MB 정부는 앞에서는 말만 앞세우는 기만적인 장애인 정책을 중단하고, 법에 명시된 국가의 책무를 다해야 할 것이다.

2010. 4 〈민중의 소리〉

아버지의 육필노트, 희노애락이 담긴 일기

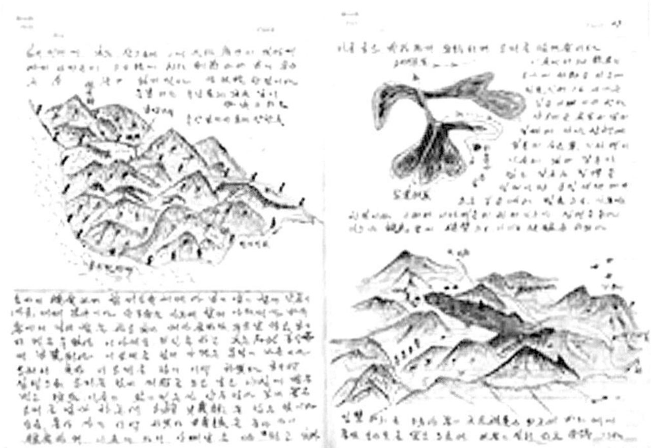

애장품, 내가 소중히 간직하는 물품은 아버지의 유품인 대학노트 120쪽 분량 육필자서전이다. 가족연보를 비롯해 태어나 살아온 70여생의 삶을 기록한 당신의 역사서이다. 아주 상세한, 그리고 입체적인 그림과 도면, 사진이 삽입되어 사실이 입증된 도서 같다.

아버지께서는 대위로 퇴역한 직업군인이셨는데 군 입대의 과정은 물론 6 · 25 참전의 작전과, 전투이동경로 등이 연필과 잉크로 현장감있게 그려져 있어 놀랍다. 그곳엔 당신의 또 다른 모습인 삼남삼녀 자식들의 출생과 자식으로 인한 희노애락도 절절히 기록되어 있는 멋진 아버지의 삶터이며 수십 년의 일기이다. 지금 보고 싶어도 볼 수 없는 아버지와 어머니를 볼 수 있는 손때 묻은 흔적이다.

아버지는 늘 일기를 쓰셨다.

어느 날 열권 남짓되는 일기를 새로 옮겨 쓰시며 정리하고 계셨다. 왜 다시 옮기느냐고 여쭈었더니 알아보기 힘든 부분도 있고 시간도 있으니 한 권으로 묶어 정리한다고 하신 후, 몇 달을 걸려 정리하신 것을 내게 보여주시며 맞춤법이나 오자가 있는지 살펴보라고 하셨다. 잉크를 묻혀가며 기록해 세 권으로 압축해 놓은 것이었다. 정말 대단했다. 난 아버지의 그 집념과 성실, 여유에 존경스럽고 놀라왔다.

"책으로 발간하면 좋겠습니다. 그런데 분량이 좀 많을 것 같네요. 그리고 한문이 너무 많아 제가 읽기가 어려워 제 수준으로는 수정을 못하겠습니다. 자꾸 잉크를 엎질러 다시 쓰기를 반복하시지 말고 볼펜으로 쓰시면 편리할 거예요."

아버진 내 말에 동의를 하시면서 다시 노트를 압축하여 옮기는 작업을 긴 시간 진행하셨다. 70% 이상 한문으로 쓰여졌던 것을 한글로 바꾸고 세 권을 다시 한 권으로 정리한 것이다. 당신은 한글이 어려워서 힘들지만 딸이 어렵다하니 한글로 바꾸시며 얼마나 힘드셨을까 싶다. 물론 한글 맞춤법도 많이 틀려 웃음이 나온다. 한문도 약자를 많이 쓰신데다가 최대한 정필을 쓰셨겠지만 읽기 어려운 부분도 많다.

이렇게 쓰고 또 쓰고 그리고 또 그리며 보완한, 한 권으로 완성한 아버지의 자서전은 아버지가 돌아가시고서야 내 손에 들어왔다.

아버지께서 완결판을 정리하시던 무렵, 난 아버지 곁을 떠나 광주로 올라오는 바람에 그 완결편을 까마득히 잊었다가 유품을 정리하면서야 딱 한 권만 남겨놓은 이 소중한 노트를 받아 그대로 고이 보관해왔다.

어머니 마저도 떠나시고 나의 출생과 내 기억 이전의 내 삶의 모습을 알아야 할 때 물어볼 수 있는 곳이 없었다. 어느 누구도 나의 출생을 말해 줄 사람이 없었다. 아버지와 어머니가 아니 계시니 물을 수가 없고 가르쳐줄 사람이 없는 것이었다.

'아! 나보다 나를 더 잘 아는 사람이 어머니요, 아버지구나!'

그렇게 내가 모르는 나의 삶이 알고 싶을 때마다 나는 아버지의 자서전 노트를 뒤적인다. 그리고 가슴에 품고 사무치는 그리움의 눈물을 흘린다.

국회의원이 되기 전 그 아버지의 노트를 한 권으로라도 출판해야겠다고 생각하고 번역을 시도했다. 120쪽 중 20여쪽을 컴퓨터에 타이핑 했었다. 어법이 어렵고 한문을 몰라 진도가 나가질 않아 무척 힘이 들었다. 지금은 그나마 의정활동에 밀려 작업을 멈춘 지 오래이다.

아버진 정의와 원칙, 약속을 중요하게 여기셨고 유머가 넘쳐 늘 사람들을 웃기고 끌었던 리더셨다. 통학열차를 타고 출근할 땐 학생들에게 이야기꾼으로 인기 짱이셨고 식사를 거르면서까지 낚시와 바둑에 빠지는 단순함, 가수 뺨치는 노래솜씨와 손만 대면 뭐든 만들어내는 감각이 뛰어난 예술가셨다.

자녀교육에 늘 엄격하셨지만 몸이 아픈 딸에게는 늘 넉넉하셨고 애잔아 하시며 울기도 잘 하셨다.

너무 엄하시다고 여겨 어려워했던 아버지. 그 안의 여리고 따뜻한 모습을 어른이 되어서야 알았다. 그리고 내가 아버지를 참 많이 닮았다는 것도 그때서야 알았다. 욕심없어 늘 건강하셨던 아버지! 갑자기 내 곁을 떠나셨을 때 사무치게 그립다는 말이 무슨 의미인지를 알았다.

지금도 아버지의 육필노트를 넘길 때면 사랑하는 아버지의 숨결이 느껴진다.

〈국회보〉 2010년 7월호 '국회 25시 나의 애장품'

국회의원 곽정숙 의정에세이

평등 세상 이야기

2011년 3월 12일 인쇄
2011년 3월 17일 발행

지은이 | 곽 정 숙
펴낸이 | 강 경 호
인쇄 · 기획 | (주)시와사람
등 록 | 1994년 6월 10일 제 05-01-0155호
주 소 | 광주광역시 동구 금동 8-1번지
전 화 | (062)224-5319
팩 스 | (062)225-5319
E-mail | jcapoet@hanmail.net

ISBN 978-89-5665-314-3 03810

값 10,000원